少年东方
从前美系列

细品从前风物　阅读大美中国

圆明园从前有多美

中式园林建筑卷

曾孜荣　著

中国出版集团
東方出版中心

图书在版编目（CIP）数据

圆明园从前有多美 / 曾孜荣著 . -- 上海 : 东方出版中心 , 2024.6

ISBN 978-7-5473-2394-6

Ⅰ . ①圆… Ⅱ . ①曾… Ⅲ . ①圆明园－介绍－少儿读物 Ⅳ . ① K928.73-49

中国国家版本馆 CIP 数据核字 (2024) 第 094112 号

圆明园从前有多美

作　　者　曾孜荣
联合出品　国博出版中心　圆明园管理处
策划统筹　范　斐
责任编辑　汤梦焯
营销发行　柴清泉
责任校对　温宝旭
特邀校对　孔维珉
装帧设计　张丽颖
手绘插图　李尤松

出 版 人　陈义望
出版发行　东方出版中心
地　　址　上海市仙霞路 345 号
邮政编码　200336
电　　话　021-62417400
印 刷 者　天津裕同印刷有限公司

开　　本　787mm×1092mm　1/12
印　　张　21 $\frac{1}{3}$
字　　数　250 千字
版　　次　2024 年 6 月第 1 版
印　　次　2024 年 6 月第 1 次印刷
定　　价　188.00 元（全两卷）

目 录

中式园林建筑卷

西洋园林建筑卷

前 言

关于中国园林和建筑的代表，如果只选一个，很多人都会想到“万园之园”——圆明园。

可惜圆明园早已毁于 1860 年英法联军的入侵。

圆明园从前到底有多美？人们几乎无迹可寻，只能“于瓦砾想见亭馆，于芒苇想见湖沼，于荆榛想见花树”。

幸运的是，当初雍正皇帝与乾隆皇帝曾经命令宫廷画师们绘制了一批圆明园的分景图画与铜版画，这批画作具有极高的艺术和历史文化价值。

本书将以绘工精美、视觉直观的《圆明园四十景图》和《圆明园西洋楼铜版画》为基础，展示圆明园的建筑、园林与泉石之美；同时，辅以《圆明园山水楼阁图》《雍正圆明园十二月行乐图》等图册，重现圆明园的四季之美、起居之美与服饰之美。特别值得注意的是，圆明园每一处景观的背后，皆有中国文化、历史、文学的典故作为其造景的底蕴与背景。

也就是说，中国文化的观念、故事与建筑、园林的设计，如诗如画、一体两面。这是全世界范围内绝无仅有的艺术模式，仍然值得今天的我们深入思考与学习。

由此，我们认为，圆明园留给我们的宝贵遗产，既是物质的（建筑的遗址），更是非物质的（象征与观念）。

第一章

故事的开始

清军入关，拎包入住紫禁城

公元 1644 年（顺治元年），清军入主中原，几乎全盘继承了明朝的北京与紫禁城。

入关之前，清朝的统治阶层满族人，长期生活在我国东北地区，作为以渔猎游牧为主业的少数民族同胞，他们的物质生存条件一直都很艰苦。当这些满族人从东北那疙瘩骤然进入繁华的北京，他们被眼前的景象所震撼，发现北京被明朝建设得如此宏伟，尤其是紫禁城，不仅仅是一座皇宫，更是一部无法用言语描述的建筑史诗、城阙巨著，因此他们继承了这一遗产。

《京杭运河图》局部

（本书中的插图，除特别标注之外，均为清朝绘画）

潮白河
温榆河
大运河
紫禁城
通惠河
通州
先农坛
天坛

在此之前，中国历史上的新王朝一般都会推倒旧王朝的皇宫，进行新旧更替的大规模重建。然而，当时的清朝显然没有这个能力和条件，于是就选择了保留明朝的紫禁城。他们尤其相中了紫禁城中那些高大又精美的宫殿，就像现代人选择装修好了的“二手房”一样，直接拎包入住了。

《万国来朝图》紫禁城局部

水土不服，精心营造圆明园

可是来自东北“白山黑水”的清朝统治者，很难适应北京炎热的夏天。同时，由于骑马射猎的民族传统，他们并不习惯久居于封闭的深宅大院——紫禁城。因此，政权稳定之后，他们就开始在紫禁城外寻找风水宝地，建造新的皇家别墅。

去哪里建呢？

北京的西北郊区自古泉水丰富、湖沼棋布，遍地是北方人所谓的“海子”“淀子”（北京市“海淀”区的名称因此演化而来）。这里便成了皇家贵族建园子的理想场所。康熙二十六年（1687 年），清朝在北京的第一座离宫别院——畅春园在西郊落成。康熙四十六年（1707 年），康熙皇帝将畅春园北部的一座园子赐给了他的皇四子胤禛（yìn zhēn）——后来的雍正皇帝，这座园子便是日后名满天下的圆明园（“圆明”二字出自儒家经典《中庸》，“圆”意为德行圆满，合乎时宜；“明”则是说明辨是非，聪明睿智）。

香山、玉泉山和万寿山，连同圆明园、畅春园、静宜园、静明园以及清漪园（即现今的颐和园），一同构成了老北京享有盛名的“三山五园”。清朝宫廷画家依据当时园林遍布的壮丽景象，精心绘制了这幅《三山五园图》。这里不仅是北京西山层峦叠翠的风景名胜区，更是清朝贵族休憩娱乐的重要场所，见证了清朝鼎盛时期的辉煌与繁荣。

《三山五园图》局部

香山
静宜园
万寿山
颐和园
畅春园
圆明园

一座圆明园，半部清朝史

雍正皇帝登基后，便着手大力营造圆明园。他亲自筹划，确立了象征“九州四海”的宏大格局。圆明园“大宫门”“正大光明”与“勤政亲贤”等办公区域的工程告竣后，雍正皇帝便常居于此，同时处理国务，紫禁城反而成了他偶尔返回的居所。

据统计，雍正皇帝在位期间，平均每年在圆明园居住长达 206 天，其中有一年几乎全都住在这里，待了足足 361 天。对于雍正皇帝而言，圆明园已不仅仅是一座园林，也是他统治天下的朝廷。

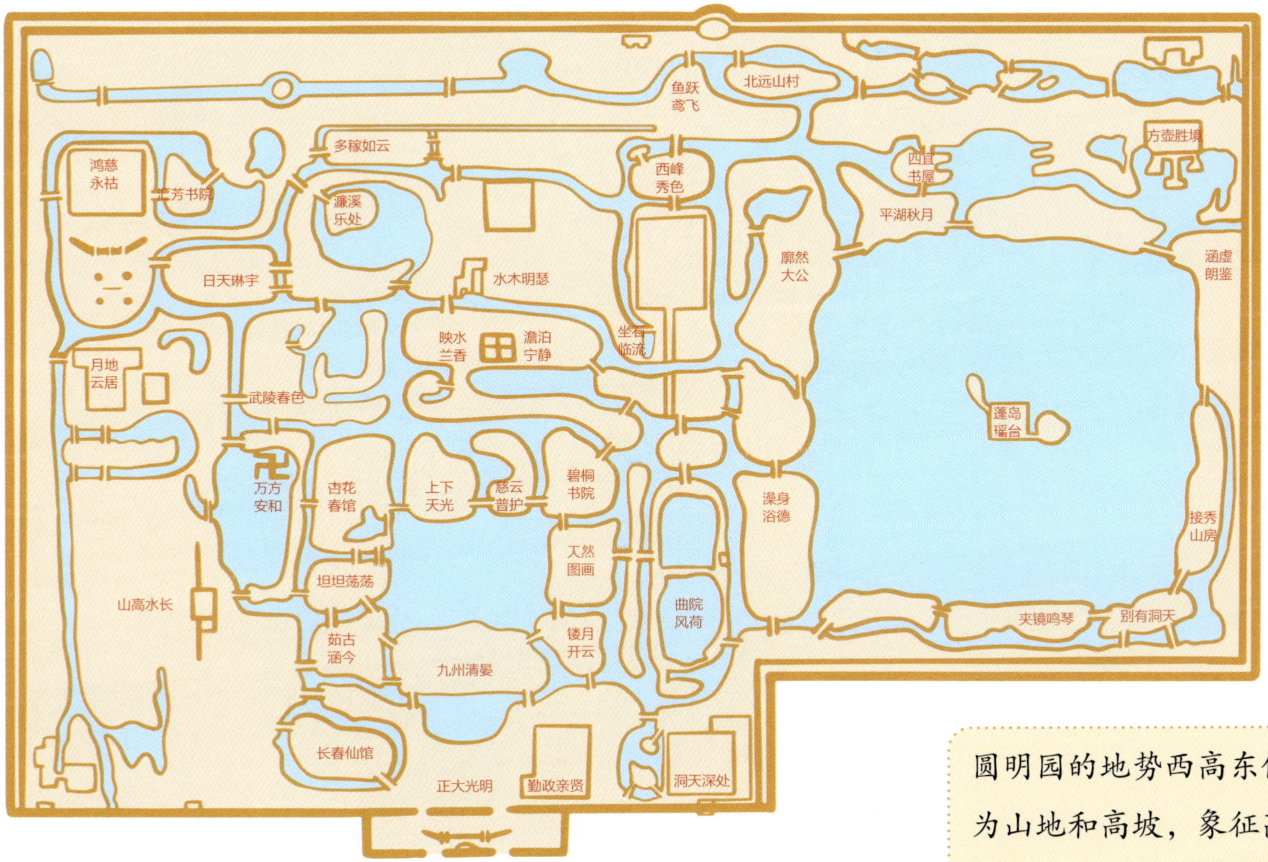

圆明园的地势西高东低，布局独具匠心。西部为山地和高坡，象征高原与山脉；东部则相对平坦开阔，还有一个大湖（福海），象征平原与大海。这种布局设计，不仅为园林增添了丰富的高低层次感，更仿佛是中国地理的缩影。

右边这组数据有没有刷新你的认知？总览全年 365 天，皇帝们多数时光都在圆明园中度过。

自康熙四十六年（1707 年）起，至咸丰十年（1860 年）止，圆明园不仅承载了六位清朝皇帝的执政历程与生活情感，更见证了这 150 多年间中国政治历史的沧桑巨变，真可以说是“一座圆明园，半部清朝史”。

希腊有巴特农神庙，埃及有金字塔，罗马有斗兽场，巴黎有圣母院，而东方有圆明园。

——维克多·雨果

清朝五位皇帝在圆明园中度过的时间：

正大光明：依山傍水，风水宝地

从大宫门进入圆明园，首先看到的是“正大光明”。这里是皇帝举行盛大朝会及庆典的场所，与紫禁城中的太和殿功能相仿，尽显皇家威仪。

沿着中轴线前行，依次走过的是宫门广场、御河、出入贤良门和正大光明殿。在正大光明殿的背后，是笋石密布的寿山和碧波荡漾的前湖。

“正大光明”布局严谨、建筑对称，同时又依山傍水、山重水复，既体现了皇家宫殿园林的宏大气势，又融入了自然山水的灵动之美。

❶ 你能看出一张弓的形状吗？

御河蜿蜒像是一张弓，御道笔直犹如一支箭，寓意“君王挽弓”，弓马得天下。

❷ 数一数“正大光明”里的七开间。

正大光明殿是一座七开间的宫殿，正面的殿壁有八根粗大的立柱，每两根立柱之间就是一间。

❸ 皇帝也要有“靠山”。

正大光明殿背靠笋石嶙峋的寿山，这不就是“靠山”吗？古代帝王与建筑师深谙譬喻与象征的重要性，巧妙地将一些吉祥与道德的含义融入建筑设计之中。接下来，我们将看到圆明园处处有寓意，整个园林也就成了一幅充满观念、智慧与诗意的艺术长卷画。

《圆明园四十景图》局部
（本书的四十景主图，均出自清朝宫廷画师绘制的《圆明园四十景图》）

在这幅宫廷画作中可以看到，华盖开路、前呼后拥的道光皇帝乘坐步辇进入典礼现场，凯旋的将士们正在七开间的正大光明殿前面等候觐见并接受封赏。

中国古建筑中，有三开间、五开间、七开间和九开间。皇家和封爵贵族才可以用七开间。九开间只限于皇家高级建筑使用，天安门、午门和故宫的乾清宫都是九开间。最能显示“皇威”的，则是故宫的太和殿与太庙大殿，原本是九开间，在清朝扩建为极为罕见的十一开间。

《平定回疆剿擒逆裔战图册·凯宴成功将士》局部

八月初七日凱宴
成功諸將士于正
大光明殿即席喜
成
策勳飲至卓前章
凱宴秋中御苑張
看彼渠魁極刑伏
嘉予大帥國威揚
允宜懋賞山河誓
特紀新詩事業彰
邊域安全諸將力
用襄忠勇永流芳
己丑新正
御筆

勤政亲贤：明君的及格线

重大朝会与庆典在正大光明殿举行，皇帝日常办公则在勤政殿，这里就是被称为圆明园四十景之一的“勤政亲贤”。勤于政务、亲近贤才，这是古代明君的标准。

据史书记载，雍正皇帝是个“劳模”，每年除了年节与自己的生日，几乎每天都“宵衣旰食，夙夜忧勤（天没亮就起床穿衣干活，忙到半夜才吃晚饭；不管白天黑夜，都在为工作而忧虑勤奋）”。

“勤政亲贤”也叫“勤政殿”，是皇帝处理政务的办公厅。

① 通往“九州清晏”的小桥

② 抱厦：在主建筑前后接出来的小房子。

③ 四进：宅院内分前后几排的，一排为一进。

④ 御座之后的屏风上据说写着“无逸”

❶
四进
三进
❸
❷
二进
一进
❹

勤政之余，雍正皇帝还是一位审美品位极高的人，偶有闲暇就让宫廷画家为自己画像。画像之时，他还会想方设法扮演各种文人学士或是渔樵耕读的形象以取乐解闷，《胤禛行乐图》因此而来。

螺钿圆扇绣屏

“螺”意为螺蚌一类的贝壳，“钿”意为镶嵌装饰。“螺钿”是一种传统装饰工艺，即把贝壳的珠光层加工成薄片后，制成花鸟虫鱼等形状，镶嵌到设计好的凹形图案中，涂上一层光漆并磨平抛光，形成装饰品。

《胤禛行乐图 · 书斋写经》局部

天气严寒，屋外白梅绽放，屋内火盆正旺，即便这样，“劳模”雍正皇帝依然手不释卷。

《胤禛行乐图·围炉观书》局部

隔扇门后面的白梅插花

鎏金火盆

九州清晏：天下太平，皇帝才能睡好觉

皇帝白天办公，晚上需要休息，那么他会去哪里呢？“九州清晏”是首选。

“九州清晏”是皇帝和后妃的主要寝宫，也是圆明园中的禁区。除了皇帝和妃子，只有太监和宫女可以进入，所以它被设计成一座岛屿，只通过几座小桥与外界连接。

如果像鸟儿从空中俯瞰“九州清晏”，会发现它的三座主要殿堂形成了一条中轴线，中轴线东边（右侧）的大四合院“天地一家春”是嘉庆皇帝出生的地方。更重要的是，这里也是慈禧太后曾经长期生活并确立其宫廷地位的地方。“九州清晏”的设计蕴含着前朝后寝、阴阳和合的观念。前面办公，后面睡觉，可以说是古代的 SOHO（家居办公）！

这个地方为什么叫“九州”呢？
“正大光明”北面这一片区域，共有九个小岛，分别是：九州清晏、镂月开云、天然图画、碧桐书院、慈云普护、上下天光、杏花春馆、坦坦荡荡和茹古涵今。九岛象征着天下九州，它们组合起来的形状又像一个龟壳，寓意龟寿延年、江山永固。

“清晏”取自成语“河清海晏”，意思是黄河的水清了，大海也平静了，比喻天下太平。

中轴线
天地一家春

宫廷画家周鲲创作的《十二月禁御图·应钟协律》，展现的正是圆明园“九州清晏”的美景。此时正值秋天，层林尽染，宫殿面临湖水，周围土山环绕，建筑排列整齐。沿着石子路，迎面便是圆明园殿，大门前有一对铜香炉，后面是宽广的庭院。

基座为“鼎”形的铜香炉

几何造型的树（借鉴西方园林风格修剪而成）

据说，“九州清晏”的庭院里，还悬挂着巨幅的《百子图》，象征着皇帝与后妃祈盼“多子多福”的愿望。

《十二月禁御图·应钟协律》局部

长春仙馆：皇子、太后的居所

皇帝的宅子这么多，不可能只有一个睡觉的地方吧！

除了“九州清晏”，皇帝还有其他寝宫，其中被誉为“第二寝宫”的便是“长春仙馆”。

雍正七年（1729 年），“长春仙馆”被赐给了宝亲王弘历（后来的乾隆皇帝），因此弘历也有了一个“长春居士”的雅号。等到弘历登基之后，则是他的母亲崇庆皇太后（电视剧中甄嬛的原型）住在“长春仙馆”。再后来，嘉庆皇帝与道光皇帝，也曾一度居住于此。

“长春仙馆”也叫“莲花馆”，因为它周围有许多水池，种有很多莲花。

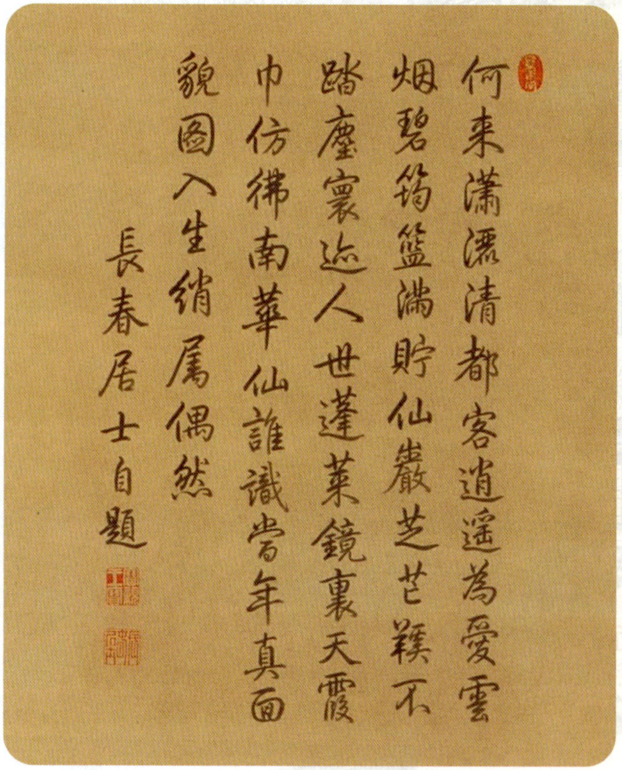

《弘历采芝图》局部

如果你看到字画的落款是长春居士，那不是别人，正是乾隆皇帝。

自古以来，莲花有着“清水出芙蓉，天然去雕饰”的美感。

来看看宫廷画家陈枚《月曼清游图》里的采莲图吧！

《月曼清游图 · 碧池采莲》局部

撑篙背立
执伞对谈
采莲纤手入花忙

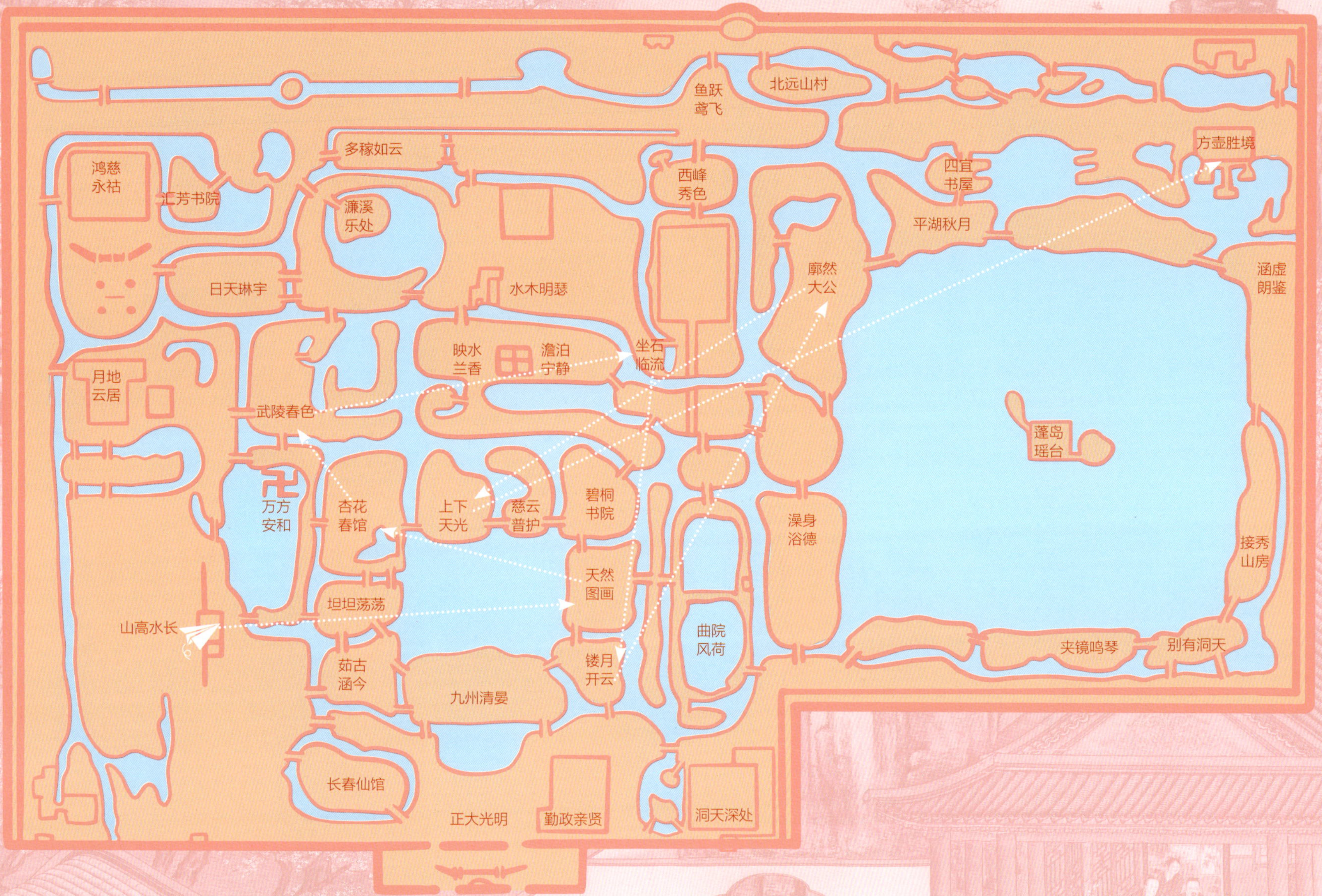

春天游览路线

山高水长 → 天然图画 → 杏花春馆 → 武陵春色 → 坐石临流 → 镂月开云 → 廓然大公 → 上下天光 → 方壶胜境

第二章

春天的圆明园

山高水长：新年伊始的热闹

李白《上阳台帖》有云：
“山高水长，物象千万。”

新年伊始，万物珍重待春风，圆明园热闹的地方有哪些？

首先就是“山高水长”，虽然这里是圆明园地势最高的地方，地面却较为平坦，面积宽广，很像北方草原。皇帝时常在这里观看八旗护卫比赛骑射，表示不忘满族人马背上打天下的民族传统。每年正月十三之前，这里就会变得格外热闹，皇帝会设“大蒙古包宴”款待外藩王公、外国使节等。除了吃喝，还有元宵“火戏”，也就是烟火盛会。彩灯齐明，同时举办民族歌舞表演；炮声震耳，同时千万条火花蹿升云端，真是让人大饱眼福！

蒙古包前的乾隆皇帝

我们来看看郎世宁等宫廷画家为乾隆皇帝绘制的《乾隆皇帝岁朝行乐图》，画面之中，高山流水下，有一个曲折别致的庭院，乾隆皇帝与孩子们正在欢度元宵佳节。

乾隆皇帝坐在交椅上，旁边皇子手持戟和磬，谐音“吉庆有余”。

元宵花灯

孩子们在院子里堆雪狮子

《乾隆皇帝岁朝行乐图》局部

天然图画：君子不可居无竹

竹子主要生长在南方，在北方并不是随处可见，圆明园里却有一个地方生长着一大片茂密的竹林。走进这里，连衣袖都可能被映成绿色，这处小院就是“天然图画”。

院子西南角的阁楼叫朗吟阁，是雍正皇帝年轻时读书的地方。雍正皇帝的孙子颙琰（yóng yǎn，后来的嘉庆皇帝），小时候也被乾隆皇帝赐居在朗吟阁东边的五福堂，在这里居住了多年。

竹子秀逸挺拔，四季青翠，自古以来备受中国人喜爱。竹身有节，象征着宁折不弯的气节；竹子生长迅速，象征着壮志凌云。苏东坡曾说：“宁可食无肉，不可居无竹。无肉令人瘦，无竹令人俗。”竹子不仅具有观赏价值，更是君子的精神寄托。

这里天然的景色如诗如画，故名“天然图画”。此处又种植了千竿翠竹，也叫“竹子院”。

一起动手画竹叶吧！

三笔“个”字形

四笔“介”字形

叠加在一起就出来一组竹叶了！

竹院深深
朗吟阁
五福堂

元宵节前后的灯火盛会，有时候也会在“天然图画”的五福堂前后举办。我们来看看这一幕热闹的场景。

《雍正十二月行乐图 · 正月观灯》局部

皇帝与“天官赐福”联袂登门

孩子们在玩烟花

孩子们在玩化妆游戏

众人观看木偶戏：
孙悟空打妖精。

“五福堂”廊下的牌匾与对联：
春送来一门吉庆，天赐与两字平安。

戴上眼镜看

杏花春馆：牧童遥指杏花村

进入春天，杏花拉开了百花竞放的序幕，晶莹娇嫩的杏花，每一朵都渲染出春天的活力。透过粉粉白白的花簇能看到一片农田，土地里已经种下了应季的蔬菜瓜果。菜地四周是疏疏落落的农舍，还有专门浇水灌溉用的水井，这里还是皇家园林吗？当然，这是圆明园里的“杏花春馆”，专门模拟杜牧诗中的“杏花村”而建造的农村田园风光。

在古代，农业是国家的命脉。皇帝每年都会举行犁田仪式，祈求风调雨顺，也会在这些田地上亲自耕种，一方面为天下做示范，一方面查看农业年景、了解农民疾苦。

粉白的杏花

交错的农田

灌溉的水井

竹篱小院
土地庙

一年之计在于春。杏花绽放时，圆明园的“示范田”内外，农夫和渔夫们已经开始忙碌起来。

《十二月月令图 · 三月》局部

白云生处有人家
桃花一簇开无主，
可爱深红爱浅红？
——杜甫
谁知盘中餐，
粒粒皆辛苦。
——李绅
借问酒家何处有？
牧童遥指杏花村。
——杜牧

武陵春色：人面桃花相映红

杏花开完是桃花，圆明园里赏桃花的最佳地点在哪呢，在“武陵春色”。

“武陵春色”原名“桃花坞”，山林间种植了上万棵桃树。春风一吹，桃花从睡梦中苏醒，白色的轻如烟霭，粉色的灿若云霞。

武陵？桃花林？没错，这里就是按照陶渊明笔下的《桃花源记》而建造。要想进入武陵春色，也需要乘一叶轻舟，沿着桃花夹岸数百步的清溪逆流而上，来到青石叠成、仿若有光的桃花洞。穿过桃花洞，豁然开朗，眼前没有金碧辉煌的宫殿，也没有雕梁画栋的大厦，只有竹篱矮墙的民居，颇有一番世外桃源的情调。

进入桃花坞后，先看到的是“壶中天”，圆明园内最小的一处园中之园。

青石叠成的桃花洞，高 3.5 米，宽 3 米，深 8 米。

桃源深处的乐善堂，是乾隆皇帝做皇子时读书的地方。他晚年还经常来这里看书，回忆童年时光。

桃源深处
桃花洞

在那桃花盛开的时候，圆明园中另有一番“春风得意马蹄疾”的景象。

《雍正十二月行乐图·三月踏青》局部

踏青狩猎

折枝插花

高谈阔论
雍正观鱼
手不释卷
桃李御兔

坐石临流：
跨越千年的曲水流觞

东晋永和九年的春天，“书圣”王羲之与一众伙伴来到兰亭，在旁边的小溪玩酒杯漂流的游戏，顺着曲曲折折的溪流，酒杯漂到谁的面前停住，谁就得取杯饮酒，即兴赋诗。酒杯也叫“觞”，这种游戏也就雅称“曲水流觞”。那天，王羲之让大家把现场做的诗词结为《兰亭诗集》，还当场书写了一篇序言，正是后世大名鼎鼎的《兰亭集序》，被誉为“天下第一行书”。

雍正皇帝对这种名士风度极为喜爱，下令在圆明园的山涧中也建了一座兰亭（流杯亭），蜿蜒的溪流穿亭而过，旁边有茂林修竹，与《兰亭集序》所描绘的情形很像。乾隆皇帝也喜欢每年的三月初三到此，再来一场跨越千年的曲水流觞，与王羲之神交。

❶ 买卖街

这是圆明园里的市集，街上的商贩、游客都由太监、宫女扮演，模拟民间商业街的热闹场景。每当皇帝驾临，贩夫走卒穿梭其中，叫卖声、呼买声、说唱声不绝于耳。

❷ 兰亭八柱

乾隆皇帝下令将原来亭子的木柱替换成八根巨型石柱，并分别刻上历代和《兰亭集序》相关的书法，合称为“兰亭八柱”。

舍卫城（佛教建筑）
清音阁（戏楼）
1

《十二月月令图·三月》局部

乾隆皇帝诗曰：“年年上巳寻欢处，便是当时晋永和。”发生在永和九年（353年）那一次“曲水流觞”的雅集，千年之后，仍然是人人喜欢、一玩再玩的春日经典游戏。

抚琴，听琴，高山流水遇知音。

镂月开云：三朝天子，共赏牡丹

康熙六十一年（1722 年）的春天，细雨蒙蒙中，康熙皇帝来到皇四子胤禛的花园赏牡丹，胤禛带来了儿子弘历。那时弘历已经十二岁了，却是第一次见到爷爷。按照当时的皇家规矩，皇子成人后就要搬出皇宫居住，没有圣旨传召不能随意进宫。而康熙皇帝儿孙众多，没见过弘历也不奇怪。

康熙皇帝见到聪明活泼的小皇孙十分喜爱，将弘历带回宫中培养，夏天去承德避暑山庄时也要带上他，方便朝夕教诲。那次赏花，让三朝天子汇聚一堂，对雍正皇帝和乾隆皇帝来说，这里是圆明园中最有意义的地方。

殿顶采用黄、绿等颜色的琉璃瓦交替拼接，尽显高贵华丽。

大殿的木柱采用天然香楠木，不施油漆。

“镂月开云”原名“牡丹台”，乾隆皇帝感激怀念爷爷的教养之恩，继承皇位后将此处改名叫“镂月开云”，用镂刻月光、绽开云彩的诗意形容爷爷对自己的启蒙与影响。

宫廷画家余省以圆明园中的“镂月开云”为创作对象，再现了牡丹盛放的景致。

《十二月禁御图·姑洗昌辰》局部

廓然大公：大公无私的圣人境界

“廓然大公”也叫“双鹤斋”，站在假山上的亭子中可以一览福海。这里至今仍是圆明园遗址中残存叠石最多的景区。除了叠石，最为人所知的还有深柳读书堂。著名的《雍正十二美人图》最开始就是深柳读书堂围屏上的装饰画。由于雍正皇帝对画面上的十二美人极为欣赏，后来特意命人将画从围屏上拆下，存入库房妥善保管，因此我们今天还能看到。

“廓然”是开阔的样子，“大公”是无私的意思。北宋程颢在《答横渠先生定性书》中说：“故君子之学莫若廓然而大公，物来而顺应。”“廓然大公”表达了皇帝对圣人大公无私情怀的向往。

叠石假山上的亭子
隐蔽的园中园，深柳读书堂。

20 世纪 50 年代，故宫的工作人员整理库房时发现了十二幅真人大小的汉服美人画，共描绘了十二位姿态各异的宫廷仕女，即《雍正十二美人图》。通过画中“圆明主人”“破尘居士”等款识，得知这是雍正皇帝还是雍亲王的时候，设在圆明园“深柳读书堂”内围屏上的仕女画。雍正皇帝十分喜欢这组画，常常在读书写字的余暇观赏她们。

《雍正十二美人图 · 立持如意》

竹雕灵芝如意

东珠耳环

点翠簪子

衣襟上的花纹为“佛八宝”：
法轮、法螺、宝伞、白盖、
莲花、宝罐、双鱼、吉祥结。

竹篱牡丹

上下天光：向范仲淹致敬

后湖的西北角，有一座敞阁可以把整片水面收入眼底，名为“上下天光”。此处模仿岳阳楼的风景意境，同时也是向范仲淹《岳阳楼记》中“先天下之忧而忧，后天下之乐而乐”的道德情操致敬。

本着“近水楼台先得月”的原则，涵月楼的平台有一半伸出岸边，与水面极为亲近。想象一下，每当十五月圆的时候，天上、水中各有一轮圆月交相辉映，真所谓上下天光、水天一色，因此这里也成了圆明园最佳的赏月地点。

涵月楼两边各延伸出一座九曲桥，以“之”字形的走势一直连到岸边。走在九曲桥上，宛如凌波微步，飘飘欲仙。

至若春和景明，波澜不惊，上下天光，一碧万顷。

——范仲淹

涵月楼：近水先得月
九曲桥：凌波飘欲仙

“春雨惊春清谷天”，虽然天空中忽然下起了小雨，但此时玉兰花开得正盛，丝毫没有减弱人们出来赏花的热情。

主人漫步在细雨中，
一旁的随从为他撑着伞。

《十二月月令图·四月》局部

方壶胜境：误入人间的天宫仙境

福海东北角，有一组气势恢宏的建筑群，名叫“方壶胜境”。三组宫殿逐级升高，各种颜色的琉璃瓦屋顶配上红色的柱子、汉白玉的台基，鲜艳夺目，富丽堂皇。再加上水中的倒影，上下相映成为两个金碧辉煌的神话世界。游人至此，会不由得惊呼，以为误入了天上宫阙。这里也被公认为圆明园最宏伟的建筑群。

据《列子·汤问》记载，传说东海有五座仙山，后来飘去两座，剩下方壶(方丈)、瀛洲、蓬莱三山。“方壶胜境”前后三组宫殿前低后高，便是人们想象中步步高升的仙山楼阁。

“方壶胜境”中处处可见中国园林建筑中的吉祥符号：

1. 仿杭州西湖胜景“三潭印月”，象征传说中的方壶（方丈）、瀛洲、蓬莱三座仙山。
2. 如同一个倒“山”字的宫殿群。
3. 殿前的玉兰花，对称盛开，寓意好事成双。
4. 房子周围围绕着松树和仙鹤，寓意松鹤延年。

②
③
④
鹤谐声“和”
鹿谐声“禄”

《圆明园山水楼阁图之一》局部

远处缥缈的仙山庙宇

依稀可见的树影
赶路的车夫

皇帝的御座

画面中又是一处“天宫仙境”一般的建筑群。圆明园实在是很大，贵人们都是水路行船或陆地乘车，来往于不同的“琼楼玉宇”之间。

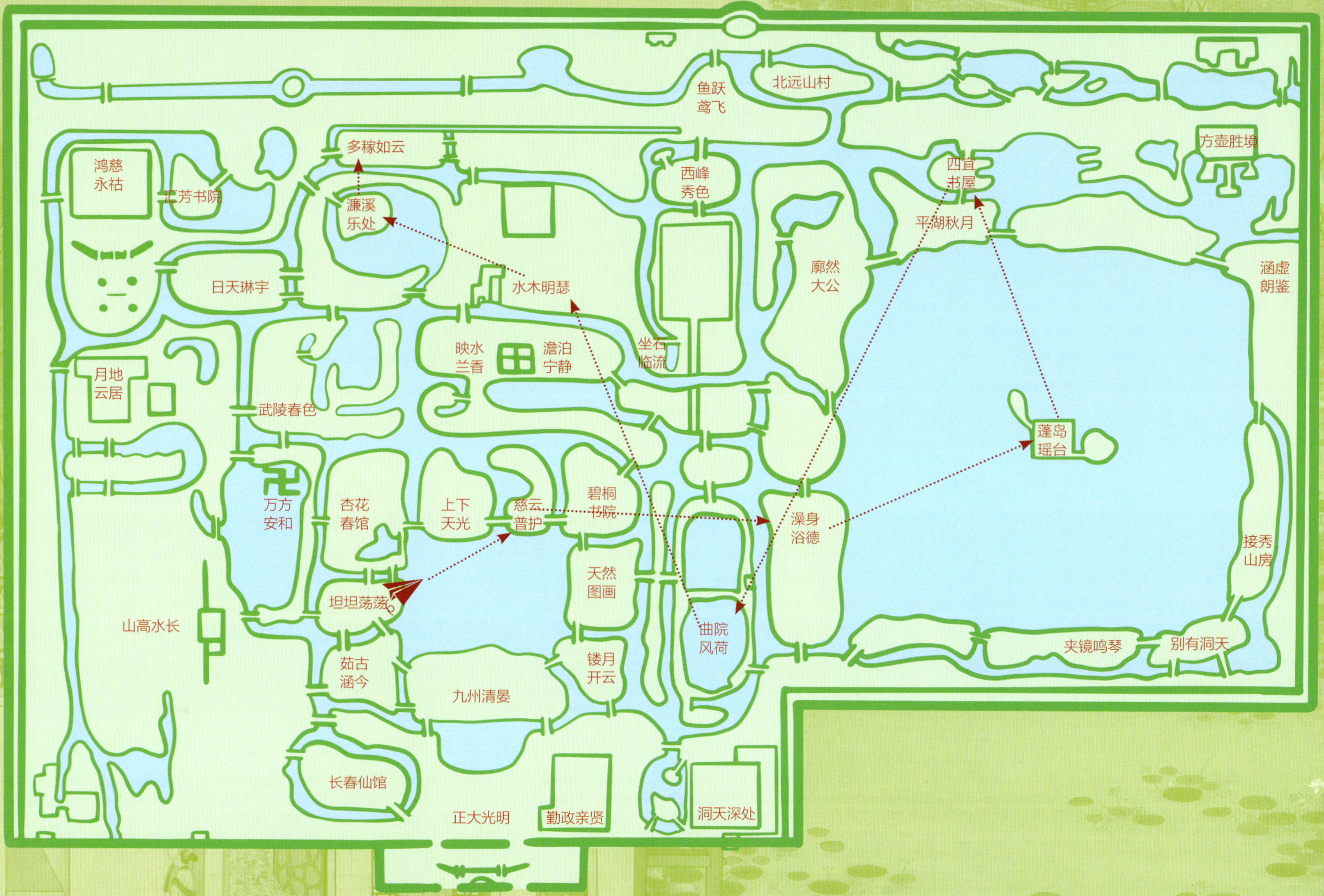

夏天游览路线

坦坦荡荡 → 慈云普护 → 澡身浴德 → 蓬岛瑶台 → 四宜书屋 → 曲院风荷 → 水木明瑟 → 濂溪乐处 → 多稼如云

第三章

夏天的圆明园

坦坦荡荡：消夏观鱼好去处

“坦坦荡荡”里有圆明园中规模最大的金鱼池，这里养着上千条珍贵品种的金鱼，有银色的、红色的、紫色的，还有多种颜色混杂的花色金鱼。其中大半身金黄色的，是最珍贵的品种。池边、桥上、水榭旁、亭子里……人们可以选择不同视角驻足观赏。

池边由花岗岩条石砌成直线，围成一个规规整整的矩形。而池底大部分也铺着石板，但布置了多块太湖石给鱼儿做窝。池边特意没有种植花草树木，排除任何干扰因素，保证水里的游鱼才是被观赏的主角。整个水池简直就是一个超级大的鱼缸！

乾隆皇帝特别喜欢这里，据记载，仅乾隆二十一年（1756 年）他就来这里喂了 72 次鱼！

涵洞：鱼池之间有涵洞相通，鱼儿们可以在池子里自由穿梭。

便于鱼儿游动的涵洞之上，建有一座水阁。宫中女子们常常在阁中消夏观鱼。

《月曼清游图·水阁梳妆》局部

防虫蝇的纱罩

薄如蝉翼的纱扇

纤纤玉手：洗手准备吃下午茶。

雀替：中国传统建筑中，柱与梁枋交接处的支撑构件。同时还具有装饰作用。

慈云普护：菩萨庙宇与自鸣钟

画面远处的一座三层楼阁，看上去平平无奇，仔细一看，第二层镶嵌了一个西洋大自鸣钟。自鸣钟整点会自动响起钟声，为皇帝早起、理政报时，无论皇帝住在附近哪里都可以清楚地听到。

18 世纪时，中西文化互动已经较为频繁，除了钟表，还有玻璃眼镜、望远镜、天文地理仪器、西式陈设品等西洋器物出现在圆明园中。来自意大利的郎世宁、法国的王致诚都是清朝宫廷画家，他们甚至参与设计修建了西洋楼景区，将欧洲建筑与园林喷泉等引入圆明园，使清朝皇家园林里也出现了西方风景。

牡丹花池与藤萝架

“慈云普护”是圆明园中的一处庙宇，供奉着观音等菩萨像。《圣教序》说：“引慈云于西极，注法雨于东垂”，是譬喻慈悲的佛法像天上的云一样无边无际，可以护佑一切。

晷刻毫无爽，晨昏定不淆。

——乾隆皇帝

西洋自鸣钟楼

罗马数字的刻度

西洋栏杆

试问卷帘人，却道海棠依旧。
——李清照

画面中可以看见方几上摆放着一座自鸣钟，此时来自西洋的钟表，已成为圆明园中室内陈设的时尚物件。

寿山石印章

《雍正十二美人图·捻珠观猫》局部

古董香薰炉、檀木玉纽盖

檀木镶嵌珐琅的自鸣钟

十八子沉香佛珠

仕女的头钗低调素雅，正是传说中的“拙荆”。

衣襟上有各式吉祥花纹

这座四方亭叫“望瀛洲”。在这里可以观赏端午赛龙舟的盛景。

这是澄虚榭，下方的台阶是泛舟福海、前往瀛洲的码头，皇帝可从此处登船。

澡身浴德：此处最宜修身养性

“澡身浴德”是皇帝洗澡的地方吗？当然不是啦。这里是皇帝在福海西岸读书休息的地方。这里的“澡”和“浴”，是指洗涤心灵，修养性情。

此外，每年的端午节，皇帝及王公大臣也会在画面北侧的四方亭——“望瀛洲”观看福海上的龙舟比赛。

修身养性的书斋

通过蜿蜒曲折的游廊可以到达四方亭

“澡身浴德”出自《礼记·儒行》，就是说君子要修养身心，使自己品性纯洁清白。

农历五月初五端午节是一个重大节庆，民间举办吃粽子、挂荷包、赛龙舟等一系列庆祝活动。皇宫中也不例外，皇帝这天会取消朝会，举办龙舟竞渡等比赛项目。

每年的龙舟竞渡都会选择在水域开阔的福海进行，人们在南岸和北岸之间留出一条赛道，长约 600 米。随着一声令下，比赛开始。九艘龙舟乘风破浪，像离弦的飞箭；龙舟上鼓声阵阵、旌旗荡漾，有时还附带一些杂耍表演。

《十二月月令图 · 五月》局部

楼台上观看比赛的仕女们

站在岸边的“啦啦队”

旌旗飞扬，龙舟竞渡。

蓬岛瑶台：传说中的海上仙山

福海中央有三座岛，一大两小，模仿的是东海中蓬莱、方壶（方丈）、瀛洲三座仙山，因此这处景被命名为“蓬岛瑶台”。中间最大的为蓬莱岛，其西北的为方壶岛，而位于东南边的则为瀛洲岛。皇帝及王公大臣会在福海西岸的“望瀛洲”四方亭观赏龙舟竞渡，皇太后和后妃内眷则在“蓬岛瑶台”观赏。

① 登上“仙山”的码头。

② 三岛中面积最大的是蓬莱岛。

③ 瑶台：皇太后及后妃在此看龙舟。

④ 方壶（方丈）岛上有御膳房。

⑤ 瀛洲岛上有一座六方亭。

忽闻海上有仙山，山在虚无缥缈间。
楼阁玲珑五云起，其中绰约多仙子。
——白居易

5

《十二月禁御图·林钟盛夏》局部

夏季白天太热，夜晚在福海月下泛舟，实在是凉爽舒适。如果还有音乐伴奏，贵人们可以玩得几乎“废寝忘食”。

中国画里，常用“月亮”暗示“夜晚”。

四宜书屋：春宜花、夏宜风、秋宜月、冬宜雪

泛舟福海的游船，在活动结束后，悄悄停回了一处“避风港”里，这儿便是“四宜书屋”：春宜花、夏宜风、秋宜月、冬宜雪，同时也是宜读书、宜抚琴、宜焚香、宜烹茶的好地方。此处的楼阁背山面水，山上松树密集、笋石林立，如有清风吹来，想必会十分阴凉舒适。好一幕“万壑松风”的画意诗情。

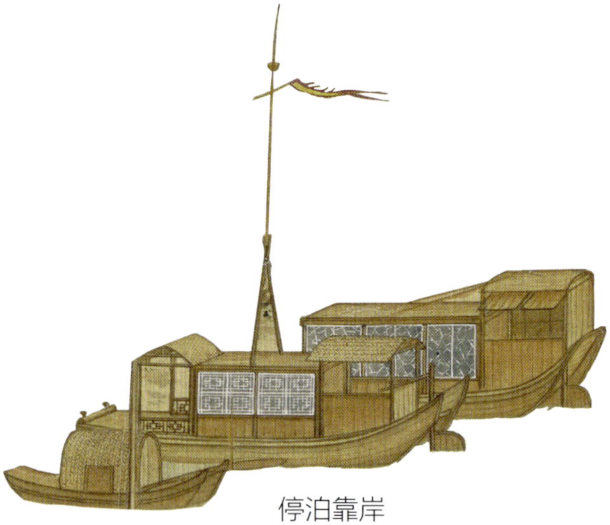

停泊靠岸

笋石林立
沿着河道可以通往福海

《十二月禁御图 · 蕤宾日永》局部

放大看这艘船，船尾飘着龙旗，船头是凤凰造型，船舷两边则有凤凰翅膀，可以猜到这大概是后妃乘坐的凤舟。船舱就如同一间小房子，门口还有个小牌楼，船顶则是平台加卷棚悬山顶的样式，窗棂上有漂亮的冰裂纹，可以为炎炎夏日带来些许清凉。

这艘凤舟犹如一座水面的“移动宫殿”

曲院风荷：再现杭州西湖盛景

在福海西边有一个狭长的湖面，湖上横卧着一座九孔石桥，气势如虹，这是圆明园内最长的一座石桥。这处风景叫“曲院风荷”。

湖边种满了荷花，很有杭州西湖“接天莲叶无穷碧，映日荷花别样红”的气势。实际上，“曲院风荷”的名字和意境，都是模仿杭州西湖的同名景观。

杭州的曲院原本是南宋朝廷开设的酿酒作坊，那里广种荷花，荷香并酒香随风飘散，便被称为“曲院风荷”，是著名的西湖十景之一。乾隆皇帝和爷爷康熙皇帝一样喜爱南巡，曾六次下江南，尤其喜欢西湖十景的风光。因此扩建圆明园时，乾隆皇帝就将西湖十景搬了过来。“曲院风荷”就是园内模仿西湖十景之中规模最大的一处。

四角重檐圆攒尖顶的亭子，象征着天圆地方。

桥的两头各有一座色彩鲜艳的牌楼（与之类似的牌楼，如今在北京市北海公园永安桥两端依然可见）。

跨河的亭桥
九孔石桥

《十二月月令图 · 六月》局部

坐“轮椅”代步的公子

猜猜这三个童子在干什么？（有一种说法是，他们正在用皂角水玩吹泡泡。）

湖上泛舟

不知为何，宫廷画家们没有在前面“曲院风荷”中画上荷花。幸好我们可以在《十二月月令图·六月》中看到“毕竟西湖六月中”的场景。

水木明瑟：
水粼粼，木葱葱，物我相忘也

北魏的郦道元曾在《水经注》里写道：“池上有客亭，左右楸桐，负日俯仰，目对鱼鸟，水木明瑟，可谓濠梁之性，物我无违矣。”

这段话的大意是：水池边上的亭台，左右种着楸树与桐树；低头看看游鱼，仰头望望飞鸟；水粼粼，木葱葱，这是庄子与惠子在濠水桥上，讨论物我相忘的故事呀！

仔细对照画面，找一找楸树与桐树、小桥与流水，可不是与《水经注》里描写的场景很相似吗？

水木明瑟殿，俗称风扇房，其原理是将水引入殿宇，模仿西洋水法，利用水力推动风扇，既凉快，又有水声，泠泠瑟瑟。酷暑时节，这里是帝后避暑的好地方。乾隆皇帝为此写道：“林瑟瑟，水泠泠。溪风群籁动，山鸟一声鸣。”

楸树
小桥
流水

画面中水波粼粼，竹木葱葱，小桥曲折有致，让人想起庄子与惠子游于濠梁之上的典故。庄子说：“鲦（tiáo）鱼出游从容，是鱼之乐也。”惠子说：“子非鱼，安知鱼之乐？”庄子又说：“子非我，安知我不知鱼之乐？”

寓意吉祥的“卍”字纹

典型的中式园林景观：假山。

《圆明园山水楼阁图之四》局部

濂溪乐处：濂溪是谁？乐在何处？

圆明园里面赏荷花的地方很多，乾隆皇帝最喜欢的却是“濂溪乐处”。

濂溪是谁？乐在何处？“濂溪”其实就是北宋著名思想家、文学家周敦颐的号，“濂溪乐处”就是濂溪先生喜欢的地方。那周敦颐爱好什么呢？答案早已经在《爱莲说》里了。

这里的池塘中种满了荷花，正方形的回廊与亭台交错相连，造型美丽别致。走在回廊里，流水带走了暑热，清风送来了荷香，远眺荷花仿佛绿伞上的一颗颗粉色珍珠，近观荷花宛如亭亭玉立的娇艳少女。前后左右，都是荷花与莲蓬，可以从任意角度和方向观赏。难怪乾隆皇帝夏天最爱来这里乘凉，甚至觉得杭州西湖也比不上这里。

亭
阁
卷棚歇山顶的主殿前后均有抱厦，形成“三连卷”。
台
榭
轩
四面皆可赏荷的回廊

荷花开后西湖好，载酒来时。

——欧阳修

予独爱莲之出淤泥而不染，濯清涟而不妖，中通外直，不蔓不枝，香远益清，亭亭净植，可远观而不可亵玩焉。

——周敦颐

《十二月月令图 · 六月》局部

画面中拿着扇子的文人，很可能是装扮成“爱莲”雅士的皇帝。仔细看他脚上穿的红色方头鞋，叫“赤舄（xì，红色的鞋子，特指古代天子、诸侯所穿的鞋）”。

多稼如云：皇家园林里的田园水乡

圆明园虽然是皇家园林，里面却有不少地方是模仿民间田园水村而建。

这里初名“观稼轩”，后改名为“多稼如云”，寄托着帝王希望稻谷如云、庄稼丰收的愿望。乾隆皇帝曾多次和崇庆皇太后一起在“多稼如云”观赏荷花，还曾率大臣、皇子、皇孙来此处观荷作诗。

仔细看，荷花正在绽放。

❶ 湖堤小路，两边临水，是最佳的赏荷路径。

❷ “芰（jì）荷香”殿，据说乾隆皇帝最爱与崇庆皇太后在此赏荷。

2

《雍正十二美人图 · 烛下缝衣》局部

乾隆皇帝与他的母亲崇庆皇太后之间的感情非常深厚。乾隆皇帝曾多次陪伴母亲出宫南巡，游历大好山河，品尝天下美食。据记载，乾隆皇帝的母亲是中国古代最长寿的皇太后，享年 86 岁。

红色的蝙蝠，象征洪福齐天。

松与鹤，象征松鹤延年。

乞巧果

扑蝴蝶的孩子们

乞巧节习俗：

接露水：在庭院中放置盆碗接取露水。传说七夕的露水是织女与牛郎相会时掉落的眼泪，若将其涂抹在眼睛和手上，可使人眼明手快。

蛛丝乞巧：在七夕之夜将小蜘蛛放入盒内，第二天清晨看其结网的疏密来定巧拙。

吃乞巧果：乞巧果是以油、面、糖、蜜等原材料制成的糕点。

日照香炉生紫烟，遥看瀑布挂前川。
飞流直下三千尺，疑是银河落九天。
——李白

并蒂莲，是指并排地长在同一根茎上的两朵莲花，属于花中珍品，既象征夫妻恩爱，也象征家庭成员之间彼此关爱、相互尊重。

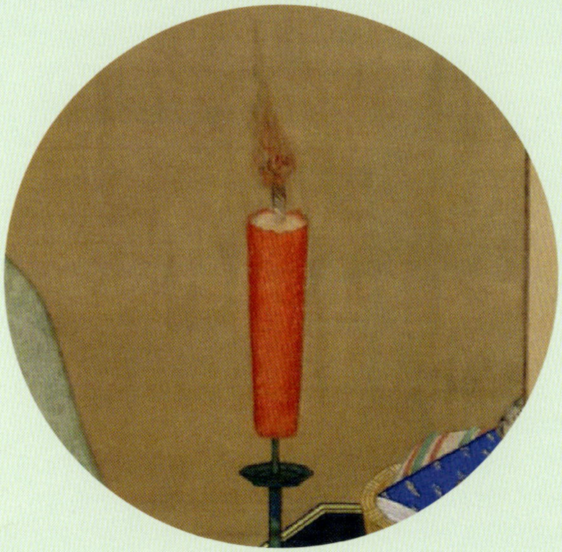

红烛，暗示着夜晚。

慈母手中线，游子身上衣。
——孟郊

“线”与“衣”将“母”与“子”紧紧联系在一起。

鱼戏莲叶间，象征年年有余。

秋天游览路线

西峰秀色 → 碧桐书院 → 平湖秋月 → 映水兰香 → 澹泊宁静 → 万方安和 → 日天琳宇 → 月地云居 → 鸿慈永祜

画面中远景的瀑布，自山上蜿蜒而下，恰是仿照庐山瀑布的景观。近景的水榭之上，宫中女子们正在举行七夕乞巧的聚会。

叽叽喳喳的枝头喜鹊

木槿花，也叫朝开暮落花，通常在农历七月盛放。

《十二月月令图·七月》局部

碧桐书院：
栽下梧桐树，引得凤凰来

“碧桐书院”原名“梧桐院”，因为古人将梧桐视作高洁、正直的象征，所以皇帝常在这里读书作画。这里也是一些皇子出生和起居的地方。

圆明园里有一个隐秘的角落——“碧桐书院”。这里四面环山，几乎与外界隔绝，仅在西南角有出入口。庭院内种植了大量梧桐，如伞的绿荫洒下一片清凉，将小院笼罩其中。院中有精心设计的人工水系，其中有几间屋子，还架着天棚，更是挡住了“秋老虎”带来的暑气。树荫、水池、天棚，使得这里尤为凉爽。

书院并不需要好风景，只需要一个舒适安静的环境，能让人心平气和、愉悦安详，排除外界的干扰。因此皇帝常在这里读书作画、修身养性。

替皇帝把画画完吧！
试试先描线再填充颜色。

天棚
出入口
花藤

让我们进入一座梧桐庭院，看看初秋时节，一位宫中仕女起居生活的场景。

金凤头钗

东珠簪子与点翠

“寿”字纹衣襟

《雍正十二美人图 · 桐荫品茶》局部

郎窑红釉杯，
与美人的衣服颜色相呼应。

梅花冰裂纹的轻纱团扇，
为暑气未消的初秋带来丝丝凉意。

画珐琅六开光的绣墩

开光，是指在坐墩或座椅的壁面镂出各种样式的空洞。这种设计既美观，又能够减轻坐具重量，便于抓手搬运。

平湖秋月：明月几时有？把酒问青天

“明月几时有？把酒问青天。”每逢秋高气爽之时，皓月当空，水平如镜，明月与倒影交相辉映，让人产生“一色湖光万顷秋”的通感，被列为西湖十景之一的“平湖秋月”因此得名。

起初，“平湖秋月”并没有固定的景址，人们往往在中秋之夜泛舟湖上，以欣赏月景为乐。直到康熙三十八年（1699 年），康熙皇帝下江南巡游西湖时，在白堤亲自题写了“平湖秋月”的匾额，这一景点才固定下来。后来，雍正皇帝在圆明园中仿造了同名景点，表达他对江南的向往。

1. 中秋时节，曲折的游廊会挂上灯笼，人们在此处赏灯、赏月。
2. 五孔吊桥，福海的大型游船可以通过吊桥进入北面的船坞。
3. 两峰插云亭，取自西湖十景之一的“双峰插云”。

③
②

秋月悬空，湖面如镜。圆明园里的人们会如何欢度中秋节呢？

古人思秉烛夜游，良有以也。

——曹丕

浮生若梦，为欢几何？古人秉烛夜游，良有以也。

——李白

《十二月月令图·八月》局部

映水兰香：比花还香的是稻谷

“映水兰香”原名“多稼轩”，周围有大片水田，还种植了许多的松树与绿竹。秋收时节，凉风吹过，稻谷飘香，一片“稻花香里说丰年”的诗情画意。

在这里居住，对于皇帝来说，不仅意味着享受“农家院”式的休闲和野逸，更可以在亲近大自然的同时，早晚视察农耕。看到丰收的稻穗，比看到美玉还让人欣喜；闻到稻谷的香味，感觉比兰花更香。

观稼轩，临水田而建，
是皇帝视察农情的地方。

皇帝劝农的“示范田”

溪山不尽
观稼轩

《胤禛耕织图》局部

《胤禛耕织图》记录了古代稻米耕种、丝绸纺织的全流程。雍正皇帝又玩起了cosplay（角色扮演），把自己画进田野、蚕房之中，为天下农桑做示范。

丰收时节，晾晒成熟的稻谷。

夫妻齐心挑蚕茧

澹泊宁静：淡泊以明志，宁静以致远

“非淡泊无以明志，非宁静无以致远。”这是武侯诸葛亮在《诫子书》里写给儿子的话，劝诫儿子看淡眼前的名利才会有明确的志向，静下心来学习才能实现远大的目标。

“澹泊宁静”的主体建筑是一个“田”字形大殿，共设 33 间房，俗称“田字房”。建筑的四面都可以欣赏风景，北面是一片水田，南面是平静的小湖，东面可见藤萝，西面则可欣赏稻田风光，无论是布局还是命名，都体现了古人对“淡泊明志、宁静致远”的追求。

田字房，33 间方形的屋子相连，形成一个“田”字，四个“口”分别为四个天井。

青山本来宁静体，绿水如斯澹泊容。
境有会心皆可乐，武侯妙语时相逢。
——乾隆皇帝

现在，我们通过这座四四方方的四合院及天井，看一看中国传统建筑的元素。

隔扇门：上部为格心，由棂条组成，可透光透气；下部为裙板，可雕各种花纹，实心不透。如果想扩大空间，隔扇门也可以摘下来。

槛窗：上半部分是窗子，下半部分是砖砌的槛墙。

照壁：也称影壁。中国文化讲究曲折有致，不能直来直去。照壁的作用就是家里的门打开后，不让他人直接看到里面，用一面墙壁遮挡他人的视线。

垂花门罩：门罩左右各有一根悬空的垂花柱。

《十二月禁御图·中吕清和》局部

万方安和：为万世开太平

“万方安和”就是说天下万方，安宁和平。寓意四海安定，实现了为万世开太平的儒家理想。“卍”字形楼宇投在湖面上的金光倒影，如同佛法金光，令乾隆皇帝着迷不已。

这座造型独特，古往今来绝无仅有的建筑，就是后湖西侧水面上的“万字房”。从高空俯瞰，整座建筑呈一个“卍”字形，仿佛太阳在放射闪闪金光；又好似一个巨大的风车浮在水面上，向东南西北延伸出四片叶片。这种罕见的建筑样式，表现出古代建筑师创新的精神和高超的技艺。

“万字房”共设33间房，四面临水，每间房的朝向都不同，随着太阳的方位变化与四季更替，每间房的温度也不同，真算是古代的“空调房”了！住在这里，可以随意选择温度适宜的房间。农历九月的秋景，色彩丰富，这里尤其宜居。

西南的殿宇可以做戏台，人们在对面的长廊里隔水听声。

东南的殿宇也是临水码头，皇帝一般是坐船到此。

长廊上挂着蓝色的卷帘，需要时可放下来遮阳挡风。

观赏菊花的女子
赏菊吟诗的文人
题写扇面的先生
仔细看案几后面的挂画，画着稻谷和螃蟹，呼应着秋天的氛围感。
载酒携菊

农历九月正是菊花争奇斗艳的时节，人们将采集的菊花聚集到一处观赏，好似菊花大赛。九月初九重阳节前后，大家还会相邀一起登高、野餐、游戏。

待到重阳日，还来就菊花。
——孟浩然

《十二月月令图 · 九月》局部

日天琳宇：如日中天的神仙殿宇

圆明园里有一处大型皇家寺院，在雍正年间建成，最初名为“佛楼”，后来被乾隆皇帝更名为“日天琳宇”。

“琳宇”在古汉语中是对殿宇寺观的美称，而“日天”则是古印度太阳神的别称，是至高无上之神。因此，“日天琳宇”意指这里是至高无上、如日中天的神仙居住的宫殿，整个建筑群也通过密集的寺观建筑，营造出一个繁华的极乐世界。

1. 西边并排这两座佛楼，由穿堂相连。西前楼奉玉皇大帝，中前楼奉关帝，凡楼宇上下皆供佛像及诸神位。

2. 西南边的角楼，是太岁坛（太岁即值年的神仙，也叫值年神）。

《胤禛行乐图 · 乘槎成仙》
雍正皇帝穿着道装，乘槎（chá，意为木筏）于海，仿佛下一秒就要成仙远去。

《胤禛行乐图 · 道装像》
雍正皇帝穿着道装，身侧山崖下有一条龙在海水中翻腾。暗喻雍正皇帝的道行可以降龙伏波。

带上一套书去旅行

扫除一切烦恼

前面我们不仅看到过雍正皇帝在《胤禛耕织图》里 cosplay 农夫的样子，还在《胤禛行乐图》里看到过他穿汉服的样子。

《胤禛行乐图·杖挑蒲团》
雍正皇帝以行脚僧（指云游四海、行踪不定的禅门苦行僧）的形象出现。

《胤禛行乐图·喇嘛装》
雍正皇帝穿着喇嘛（藏传佛教对高僧的尊称）的服饰，手持法器，面容庄重，邪魔（毒蛇）不能侵扰他。

在“寻仙问道”上，他也极尽所能，将儒释道各家的服装化妆道具都体验了一遍。

松鼠见人不避，自由自在好松弛。

数着珠子，就忘了别的事。

月地云居：月上云端的清净地

“月地云居”最初名为“清净地”，是一组幽静的园林寺庙建筑群。据说乾隆皇帝十分虔诚，每月的初一、十五，只要他在圆明园居住，都会来“月地云居”上香行礼。

1. 钟楼
2. 鼓楼
3. 重檐攒尖顶大殿，其前殿外檐悬挂着乾隆皇帝御书“妙证无声”匾额。
4. 藏经楼

“月地”表示月亮，是夜晚的主宰，“云居”是云中居所。月地云居与日天琳宇相呼应，日为阳、月为阴，体现了阴阳融合、日月同辉的意境。

④
③
①

月地、云居，总让人联想起嫦娥仙子的居所。我们来看看深秋时节，园中一处“广寒宫”一般的居所。因为天气一天天寒冷起来，室内挂上御寒的布幔，宫中仕女头上也包裹了保暖的头巾。

紫檀托架的铜镀金浑天仪

珐琅表

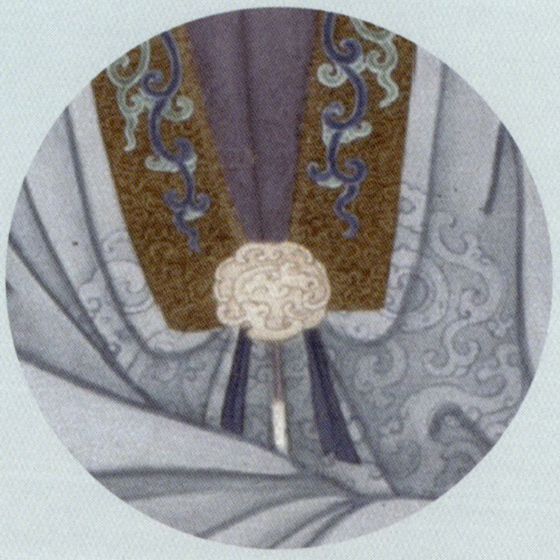

衣襟上的玉佩，同时也是衣扣。

双耳白陶瓶

瓶中菊花，点明了深秋时节。

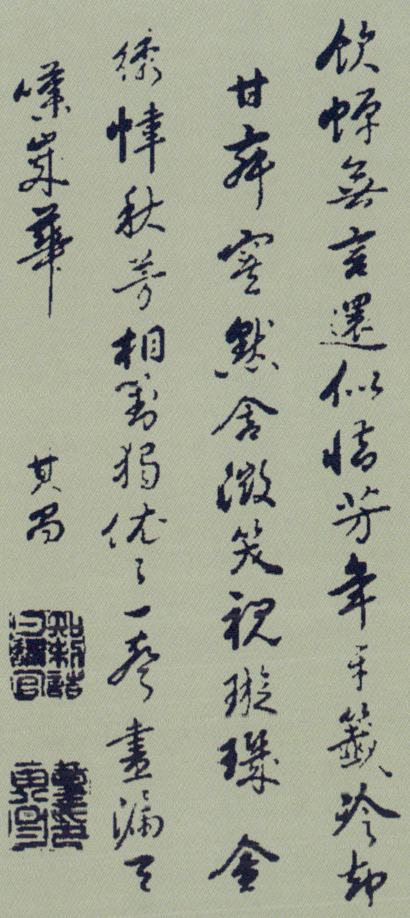

墙上挂的是明朝书画大家董其昌的书法竖轴，落款“其昌”。你可能没听说过“董其昌”的名字，但一定听过他的这句话：“读万卷书，行万里路。”

《雍正十二美人图 · 持表对菊》局部

鸿慈永祜：圆明园中的皇家宗庙

“鸿慈”的意思是大恩，“祜（hù）”的意思是福，“鸿慈永祜”意思是感念先祖的大恩大福，希望祖先永远庇佑子孙，也承载着乾隆皇帝祈求先帝能够保佑清王朝江山永固的愿望。

圆明园里不仅有用于理政的“正大光明”，休闲散心的“平湖秋月”，还有专门用来祭祀祖先的宗庙——“鸿慈永祜”，也称“安佑宫”。凡是皇帝回到和离开圆明园之日，上元（农历正月十五）日、中元（农历七月十五）日、清明、皇帝本人生日及先皇诞辰、忌日等，皇帝都要到安佑宫叩拜祖先。

青松翠柏包围着这里，穿过四座华表环绕的牌坊，经过汉白玉石桥（桥下的御河又是一张弓形），来到三座牌楼围成的小广场，高大的围墙里面就是气势磅礴的安佑宫。这是乾隆皇帝仿造景山寿皇殿的形制，为了供奉康熙、雍正两位先皇而修建的皇家宗庙。后来，乾隆、嘉庆、道光三帝驾崩之后，他们的画像也都陆续供奉在此。

把五位皇帝的名字和年号连线吧！

康熙	胤禛
雍正	颙琰
乾隆	玄烨
嘉庆	弘历
道光	旻宁

这座九间正脊重檐歇山顶大殿，是圆明园内规格最高、体量最大的一座建筑。

《雍正帝祭先农坛图》局部

祭祀礼乐

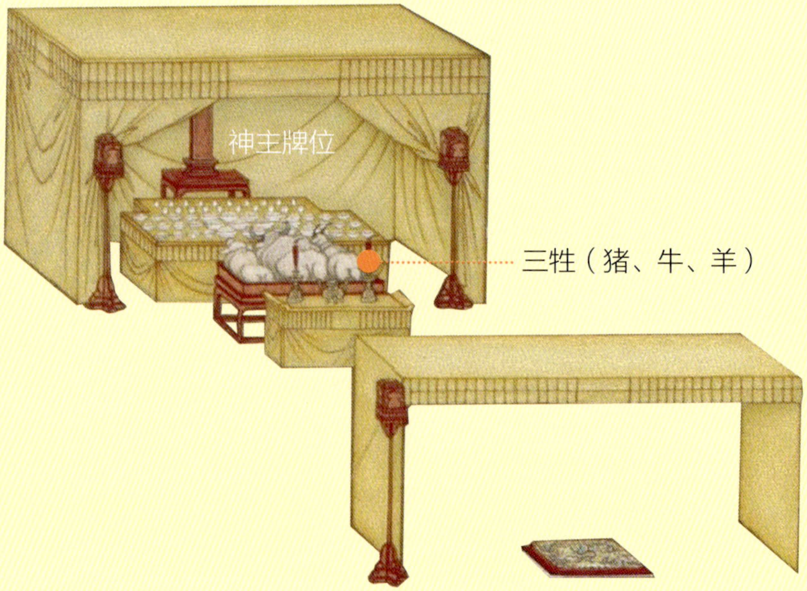

《十二月月令图 · 十月》局部

韶景轩：四角重檐攒尖顶

皇帝走向祭坛

随着圆明园被焚毁，我们已经无从寻觅当初皇帝在“鸿慈永祜”祭祀先皇的画面。幸好清代的宫廷画家们为我们留下了一幅雍正皇帝祭祀农神的画卷，我们可以据此遥想，在先皇诞辰等特殊的日子，皇帝到安佑宫叩拜祖宗、献上祭品的场景。

祭祀前皇帝休息的宫殿

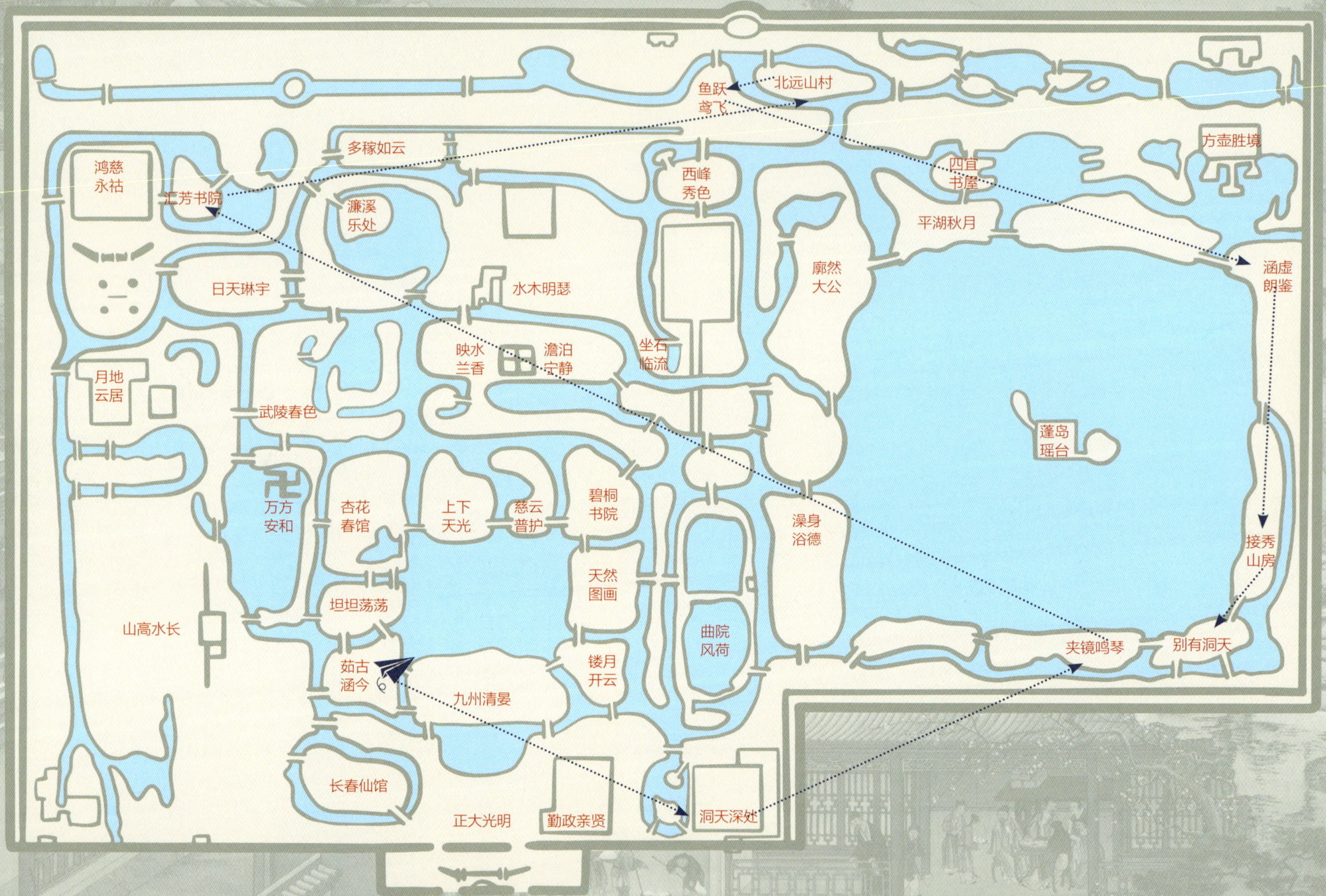

冬天游览路线

茹古涵今 → 洞天深处 → 夹镜鸣琴 → 汇芳书院 → 北远山村 → 鱼跃鸢飞 → 涵虚朗鉴 → 接秀山房 → 别有洞天

洞天深处：皇子的学堂

这是哪里呀？所有的房屋排列得整整齐齐，所有的院落几乎一模一样。这么规整严肃的地方，原来是皇子们生活和学习的上书房！

为了培养文能安邦治国、武能驰骋疆场的接班人，清朝的皇帝非常重视皇子的教育。皇子从五岁起开始读书，每天从早晨五点到下午三点，学习满、蒙、汉三种文字以及四书五经、诗词歌赋。为了陶冶情操和强健体魄，课余时间还得学习书画和骑马射箭。不仅如此，皇子的假期还少得可怜。一年之中只有元旦、端午、中秋、皇帝的生日以及自己的生日这五天可以放假，真没想到，清朝皇子上学就这么“卷”了！

“洞天”名称的由来与道家文化中对“洞天福地”的向往有关。乾隆皇帝在《洞天深处》诗序中写道：“缘溪而东，径曲折如蚁盘……别有天地非人间（点出了别有洞天的含义）……予兄弟旧时读书舍也（回忆起了自己和兄弟在此读书的往事）。”

初冬时节，寒风凛冽，人们的活动逐渐从户外转向室内。那么，室内的人们都在做些什么呢？

拨弹阮琴

缝制冬衣

茹古涵今：皇帝的书房

说起博古通今、渊博无涯的学问境界，圆明园里有一处特殊的书房，名叫“茹古涵今”。画面中那栋高耸的四角重檐攒尖顶大殿，也叫“韶景轩”。每年到了冬季，皇帝常常在此与大臣们谈古论今、吟诗赏画。因此，这里还珍藏了历朝历代的许多书画珍品。

据说“茹古涵今”的装修极为奢华，有部分屋里的隔断为楠木所制，窗框为紫檀木所制。二楼的走廊上还使用了西洋样式的栏杆。

“茹古涵今”出自唐代皇甫湜(shí)写的《韩文公墓志铭》：“茹古涵今，无有端涯。”意思是称赞韩愈对古代的事无所不知，对现代的事也很通晓，学问大到无边无涯。

第五章

冬天的圆明园

1
2

盝（lù）顶：垂脊向上并不交汇成正脊，而是形成一个平面，多出四条横脊首尾相连，又称圈脊。

歇山顶：又称九脊顶，有一条正脊、四条垂脊、四条戗（qiāng）脊。由于垂脊与戗脊之间折断了一下，好像“歇一歇”，所以叫歇山顶。

我们来看看，圆明园里的学堂放学之后，老师与孩子们都在干些什么呢？

提着手炉——暖手

骑着火笼——暖身子

踩着炭盆——暖脚

《十二月月令图 · 十一月》局部

夹镜鸣琴：两水夹明镜，飞泉奏琴音

偌大的福海南岸，只见一座桥亭横跨水上，桥亭的屋檐下挂着“夹镜鸣琴”的匾额，意在借用李白“两水夹明镜”的诗意来形容这里的风景。

坐上小船慢慢靠近，从桥洞穿行而过，开阔的水面一下子收缩为狭窄曲折的内港，两边的水面倒映着桥身与桥洞，宛如一面明镜。东边小山上的飞泉奔流，在石头上敲打出清脆的乐音，如同鸣琴之声。

小山的山顶上还建有一座寺庙，名为“广育宫”。此时，山上的树叶已经染红，与绿色的湖水相映成趣，当傍晚寺庙的钟声响起，广育宫这一片被营造出一种类似西湖之畔“南屏晚钟”的意境。

① 夹镜鸣琴亭

江城如画里，山晚望晴空。两水夹明镜，双桥落彩虹。
人烟寒橘柚，秋色老梧桐。谁念北楼上，临风怀谢公。

——李白

② 小山上的广育宫

卷棚顶：又称元宝脊，屋顶的双坡相交之处，没有明显的正脊，而是做成弧线。
悬山顶：又称挑山顶，类似硬山顶，但屋檐悬挑伸出山墙或立柱外，便于遮阳避雨。

三位侍者，一位端着茶壶，一位手捧茶盏，另一位怀抱古琴，正步入这座地势较高的殿宇建筑。远处山色空蒙，河水萦带。除此之外，值得细看的是中国古建筑的一些经典样式。

《十二月禁御图 · 黄钟畅月》局部

汇芳书院：
天下英才，汇集于此

“汇芳书院”位于半岛之上，三面环水，北面与陆地相接。院内还建有戏台，乾隆皇帝经常在此读书看戏。其中最引人注目的是湖边临水的那形如月牙的建筑——“眉月轩”。据说，冬天站在眉月轩顶的平台上，可以观赏到湖对岸仿自西湖十景的“断桥残雪”。

“汇芳书院”，即汇聚天下英才群芳于此的书院。乾隆皇帝曾赋诗赞美此地：“书院新开号汇芳，不因叶错与华裳。”

院内建有戏台
眉月轩

下雪的冬日，园中的群芳——仕女们更要聚会活动、“抱团取暖”。她们或是围炉博古赏画，或是踏雪寻诗觅词。

室外，寒风中瑟瑟的枝叶。

室内，玉兰在画卷中盛放，与冬日的寒冷形成鲜明对比，让人不禁联想起“冬天来了，春天还会远吗”。

书画、瓷器、青铜器等文玩，彰显着主人的品位与雅趣。

火盆，外罩薰笼，既防止烫伤，还可将东西放在薰笼上面烘烤。

《月曼清游图·围炉博古》局部

仕女们在室内围炉取暖，品茶吟诗。门窗的木格采用了与冬天相呼应的冰裂纹设计。布帘帷幔白天卷起，在夜晚可放下来保暖。

打着伞，提着手炉，踏雪而来、寻觅诗句的华服仕女。

青青翠竹上的白色积雪

《月曼清游图 · 踏雪寻诗》局部

北远山村：岁月静好的田园风光

不见华丽的殿堂，只有简朴的村居，这里便是“北远山村”。每当皇帝因为国事烦忧时，会选择来这里小住几日，寻求田园生活的安详与宁静。这种体验与感受，和我们今日厌倦了城市的喧嚣，前往乡下“农家院”待上几天的心境颇为相似。

进入“北远山村”的水门

这座攒尖顶亭子前面接一抱厦，名为观音庵。

“北远山村”原名“北苑山房”，这一名称的来由可能要追溯至五代十国南唐时期的大画家——董源。他曾任北苑副使，是中国山水画的开创者之一，文人们也常常称之为“董北苑”。

在《圆明园山水楼阁图》描绘的寒冬图景中，可以清晰地看到画家所记录的“北远山村”，展现出一派“暧暧远人村，依依墟里烟”的农家气息。

《圆明园山水楼阁图之十》局部

圆明园里面的建筑，大部分是覆盖琉璃瓦的宫殿，但也有一小部分是园中吏员与工匠等杂役的居所，这些房屋比较低矮、朴素，屋顶多由黄色的茅草铺成。高级一点儿的，铺有黑色的瓦片。这种情景在“北远山村”最为常见。

《圆明园山水楼阁图之十二》局部

鱼跃鸢飞：各得其所，各得其乐

“鱼跃鸢飞”出自《诗经·大雅·旱麓》：“鸢飞戾天，鱼跃于渊。”意指世间万物各得其所，自由自在。

“鱼跃鸢飞”的主楼是重檐四角攒尖顶的庞然大殿，比周围低矮的农舍高出一大截，因此也是观赏湖光山色与乡村风光的绝佳地点。它北面的不远处就是圆明园的北门，园内的农夫、养殖户、工匠、浣娘等各种杂役，都从北门进出。皇帝在大殿楼上观赏湖山胜景的同时，还能一览贩夫走卒等各色人忙忙碌碌的身影。在他看来，这就是各司其职、各得其乐的民间“理想国”。

农具

虎皮石墙

水井

然而，“理想国”只存在于皇帝的想象，现实中的老百姓是否能如愿过上幸福生活呢？“鱼跃鸢飞”的楼阁已然在火海中化为灰烬。不过，在《十二月禁御图》中，有一座重檐四角攒尖顶大殿与“鱼跃鸢飞”的楼阁极为相似。这座两层楼阁及周围的庭院，此时正张灯结彩，尽显皇家建筑的气派。尤其是旁边那堵虎皮石墙，中间开出一个月洞门，周围奇石盆景、石桌石墩设计精巧，颇为雅致美观。

攒尖顶：顶坡在建筑的最高处汇聚为一点，形成尖顶的样式。根据垂脊的数量多少，常见四角、六角、八角或圆攒尖顶等。

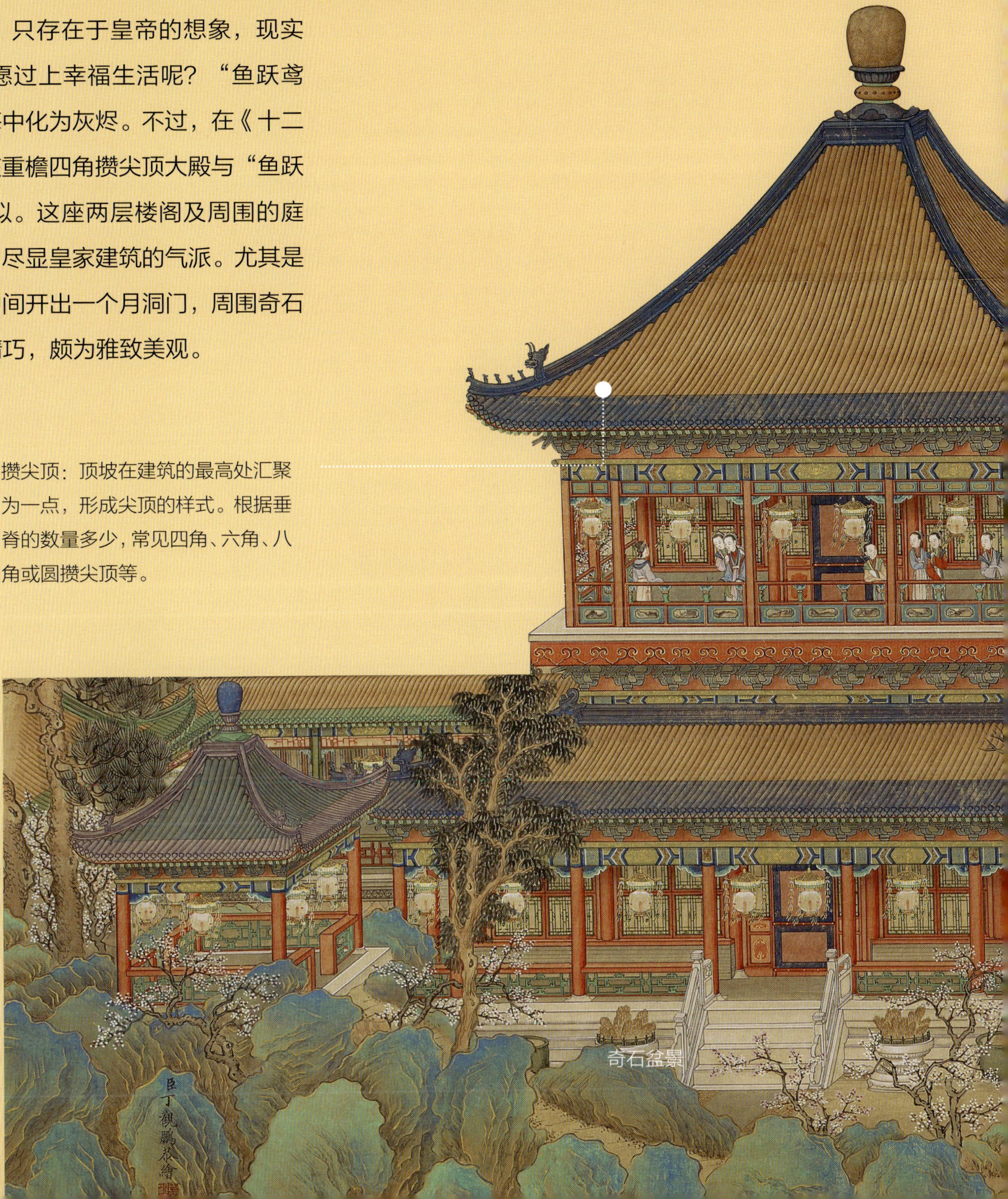

《十二月禁御图·太簇始和》局部

月洞门
什锦窗
虎皮石墙

涵虚朗鉴：水映天空，明朗如镜

“涵虚朗鉴”在福海东岸，仿照杭州西湖的“雷峰夕照”而建，坐东朝西，临湖建有亭台楼阁。夕阳斜照之下，这里是眺望湖光与西山晚霞的绝佳位置。建筑群的北侧是一座四方重檐攒尖亭，南边是平台、栏杆以及与亭子对称的殿阁，东边有宝瓶门供人进出，墙上是一排什锦窗。

四方重檐攒尖亭

平台、栏杆与殿阁

宝瓶门与什锦窗

涵，意为包含。虚，喻指天空。天空无穷大，怎么能被包含呢？只能是水映天空。朗鉴，就是明朗的镜子。“涵虚朗鉴”的意思是将清澈的福海水面比作一面镜子，譬喻君子要虚怀万物，明朗待人。

漫长的冬日时光里，待在居室之中的宫中女子是怎样生活的呢？

坐于斑竹椅上的美人垂目沉思，神态娴静。她的身边半环绕着一架多宝格。多宝格上陈列着各种瓷器、青铜器、图书等物件，映衬出美人博古雅玩的闺中情趣。

铜兽耳扁壶

白玉四足壶

《雍正十二美人图 · 博古幽思》局部

黄花梨安楠木多宝格
（多宝格又称博古架）

斑竹椅
（斑竹又称湘妃竹、泪竹）

仿哥窑葫芦瓶

汝窑无纹水仙盆

接秀山房：
秀色扑面，尽收眼底

“接秀山房”位于福海东南岸，北部与“涵虚朗鉴”相邻，建筑形式也相似，都是沿岸布置，一南一北相呼应。它利用临湖靠岸的自然位置，营造出独特的建筑视线：门一打开，西山的秀色便扑面而来；而推开侧边的窗子，北边的水岸美景则尽收眼底。

据说，“接秀山房”整个宫殿的房梁、柱子、门窗和家具都采用了珍贵的檀木，甚至镶嵌金银珠宝，镂刻山水楼阁、人物花鸟。嘉庆、道光、咸丰三位皇帝都很喜欢居住在这里，还写下了大量诗句。

“琴书吾所好，松竹古之朋”描绘了乾隆皇帝对接秀山房内雅致生活的赞许。琴音书香，松竹为伴，这里正是他心中理想的居所。

“接秀山房”之名源于乾隆皇帝的诗句“户接西山秀，窗临北渚澄”，即前接西山秀色，侧对水岸澄澈。

长方烧水壶，可以取暖，
还可烧水，实用至极。

菱形花盆里水仙娇艳，给空间增添了温馨与生机。

竹架放置卷轴

枯藤老树坐榻，极有自然之趣。

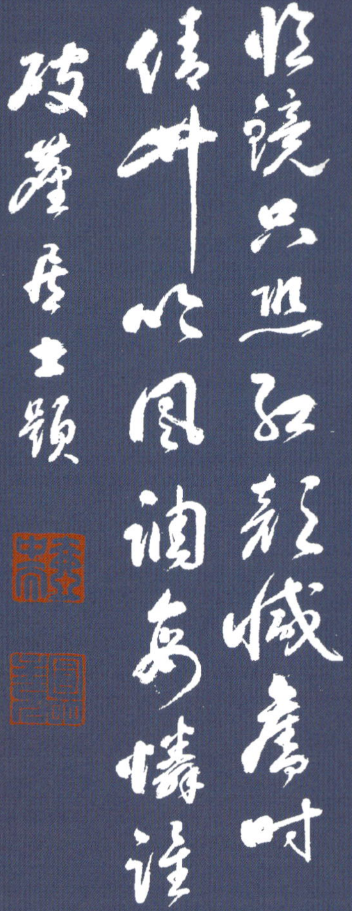

墙上的行草书法挂轴，放大落款，竟是雍正皇帝亲笔所书。雍正皇帝做皇子时曾以“破尘居士”为号，表达看破名利、不争皇位的姿态。两枚印章上的刻字是“壶中天”与“圆明主人”。然而“夫唯不争，故天下莫能与之争”，最终他还是成为了一代帝王。

深冬时节，这位仕女头戴裘皮头箍，既保暖又时尚。腰间悬挂的玉佩，红白相间，精致典雅。她一手搭在暖手炉上御寒，一手揽着铜镜自照。暖手炉、铜镜之上，皆刻有精美的花纹，显示出精湛的制作工艺。

窗台上一簇盛开的水仙盆景，让人感觉室内温暖如春，似乎与外界的寒冷隔绝了。

裘皮头箍

红白相间的玉佩

《雍正十二美人图 · 裘装对镜》局部

别有洞天：炼丹就能得道成仙吗？

道教把神仙居住的地方叫做“洞天”，看到此处名称为“别有洞天”，我们就知道这是道家的地盘了。这里也是圆明园最宁静清幽的边缘区域，藏在福海东南边一个僻静的角落里。

据史料记载，仅雍正八年（1730 年），雍正皇帝就下令给这里送了桑柴 1500 斤、白炭 1400 斤、红炉炭 200 斤、黑炭 100 斤，好煤 200 斤、渣煤 1000 斤。这是要干什么？原来雍正皇帝要像太上老君一样，开炉炼丹。据说雍正皇帝是中国古代最后一位迷信服食丹药可以长生不死的皇帝，为了避人耳目，于是选择了藏在水关背后的“别有洞天”作为炼丹的地方。

水关

划冰船
踢毽子
此处有些建筑的设计受到西洋风格的影响，反映出当时皇家园林的创新趣味。
围炉品酒，梅下赋诗
堆雪狮子

即使是寒冬腊月，也锁不住人们跑到户外玩耍的心。俗话说“三九四九冰上走”，看看一年的最后时节，大家都在玩什么！

捶丸

御苑鹿群

《十二月月令图 · 十二月》局部

描一描、涂一涂：
试试用你的画笔描出下列图形的轮廓，并涂上色彩，在纸上搭建一座中式亭子！

① 土作：深挖夯土

② 石作：阶级基础

③ 大木作：立柱承重

④ 大木作：梁枋框架

施工“十步曲”完成效果图

⑤ 大木作：斗拱飞檐

⑥ 小木作：屋顶椽子

⑦ 小木作：望板宝盖

⑧ 油作：油漆防水

⑨ 瓦作：铺天盖地

⑩ 彩画作：雕梁画栋

少年东方
从前美系列

细品从前风物　阅读大美中国

圆明园从前有多美

西洋园林建筑卷

曾孜荣　著

中国出版集团
东方出版中心

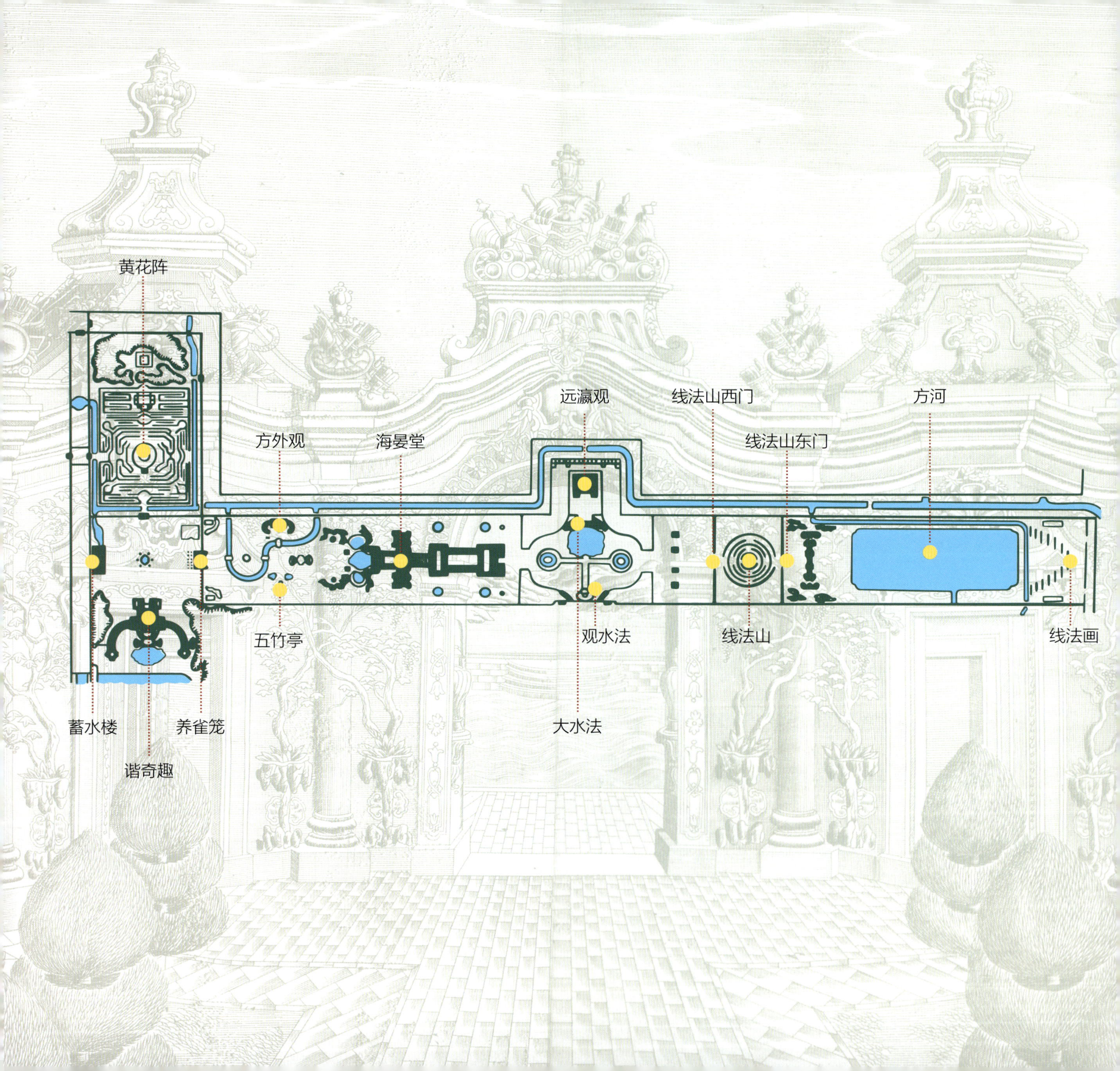
黄花阵
方外观
海晏堂
远瀛观
线法山西门
线法山东门
方河
五竹亭
观水法
线法山
线法画
蓄水楼
养雀笼
谐奇趣
大水法

第六章

圆明园
西洋楼

西洋楼：中西合璧的建筑典范

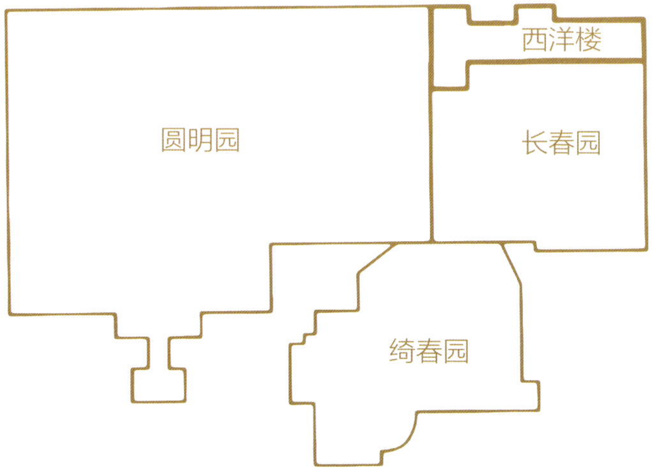

乾隆皇帝登基后，继续在圆明园里面“岁岁营构，日日修华”。终于在乾隆九年（1744 年）完成了圆明园四十景的修建。紧接着，他在圆明园东侧新建了“长春园”（我们在前文已经提到，乾隆皇帝又号“长春居士”）。

乾隆三十四年（1769 年），圆明园东南相邻的几个小园子，被乾隆皇帝合并为“绮春园”，与“圆明园”“长春园”一起形成了倒“品”字形的三园布局，这就是广义的圆明园或者说“圆明三园”（狭义的圆明园，只指西边包含四十景的那个园子）。

嘉庆皇帝即位之后，也同样热爱修园子，但他的建设重点放在了“绮春园”里面。嘉庆十年（1805 年），“绮春园”也建成了各类大小景观共计三十处，“圆明三园”进入了全盛时期。“圆明三园”总面积约 350 万平方米，相当于五个故宫那么大。

“长春园”里最特别的景观，是其北部的一组西洋楼，始建于乾隆十二年（1747 年），大体完成于乾隆二十五年（1760 年）。这组西式园林建筑由来自欧洲的传教士郎世宁（意大利）、蒋友仁（法国）、王致诚（法国）等人设计，由大量中国建筑师傅完成施工。

巴洛克建筑风格：17 世纪在意大利发展起来的一种建筑风格。巴洛克（baroque）这个词源于葡萄牙文“不圆的珍珠（barroco）”，其特点为富丽堂皇的造型与雕刻，常用三角形和椭圆形空间来表现豪华又优雅的氛围。

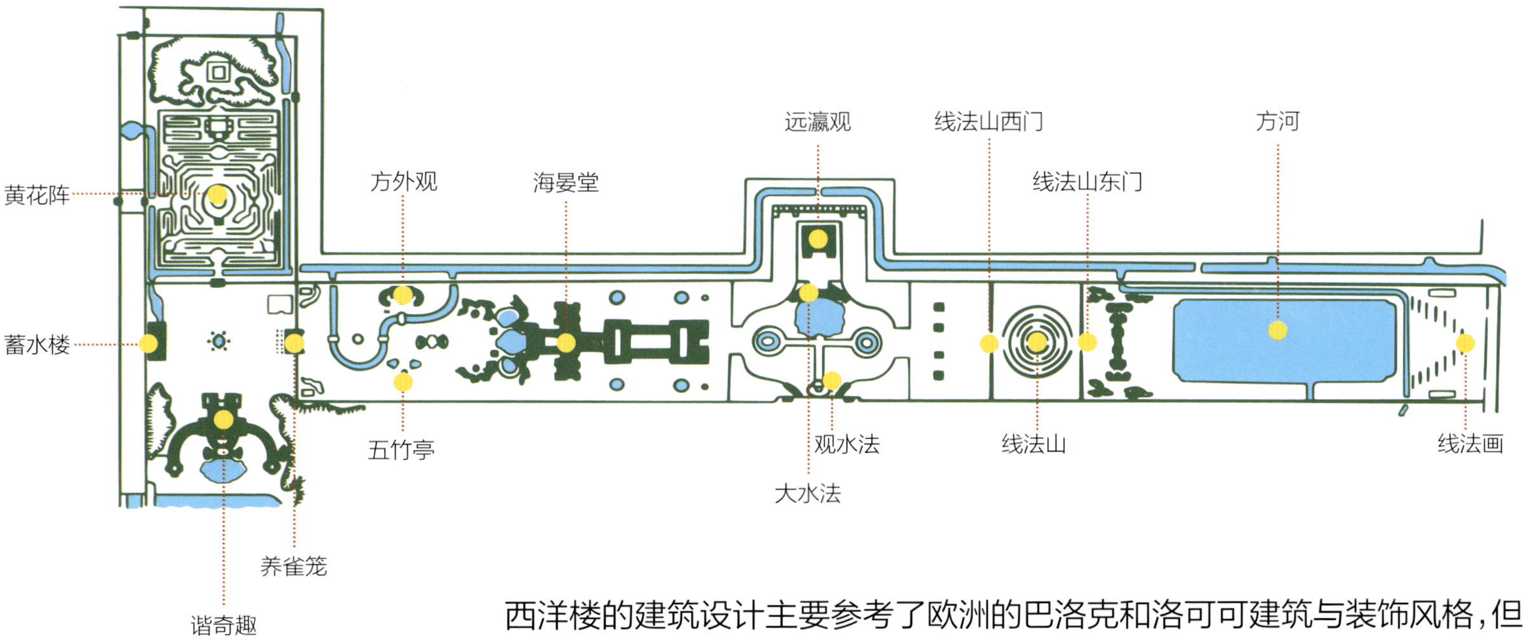

西洋楼的建筑设计主要参考了欧洲的巴洛克和洛可可建筑与装饰风格，但并没有原样照搬，而是融合了中式元素重新设计，使之成为了中西合璧的建筑典范。

西洋楼也是中国第一次大规模尝试仿建西式园林建筑，它为圆明园增添了一抹独特的异域风情，使得“万园之园”的赞誉实至名归。现在，就让我们把视线聚焦到西洋楼里去！

洛可可装饰风格：18 世纪从法国开始流行，在巴洛克风格基础上发展起来的一种风格。洛可可（rococo）这个词源于法文“贝壳工艺（rocaillc）”，其特点是柔媚细腻，多用 S 形曲线，尤其爱用贝壳、漩涡及植物样式作为造型题材。如果说巴洛克风格会让人联想起男性的雄健与磅礴，那么洛可可风格则会让人联想到女性的轻柔与华美。

谐奇趣：
圆明园第一座欧式大殿

谐奇趣的意思是和谐又充满奇趣。

这是圆明园里的第一座欧式大殿——谐奇趣，竣工于乾隆十六年（1751 年）。它巧妙地融合了中西两种建筑风格，主体为欧式建筑，屋顶则采用了中式的庑（wǔ）殿顶。中间的主楼有三层，一层和二层均面阔七开间，顶层是三开间。据说室内摆满了来自西洋的贡品，有玻璃镜、珐琅灯、浑天仪、船模、西洋剑等奇珍异宝。

主楼左右，各有弧形游廊连接两座八角楼亭，楼亭中常常举办中西音乐会。楼前的大型海棠式喷泉池中，点缀着铜羊、铜鸭、翻尾石鱼等喷水口。喷泉池南面有个小湖，圆明园福海里的水，透过湖边的孔闸，源源不断地注入西洋楼。

这种中西融合的建筑风格起初并不被看好，建成后却赢得了人们的赞叹。中式建筑追求自然曲折之美，而西式建筑则注重严谨对称规划，两者在此完美融合。乾隆皇帝对谐奇趣的效果颇为满意，因此才有了后续众多西式建筑的陆续建设。

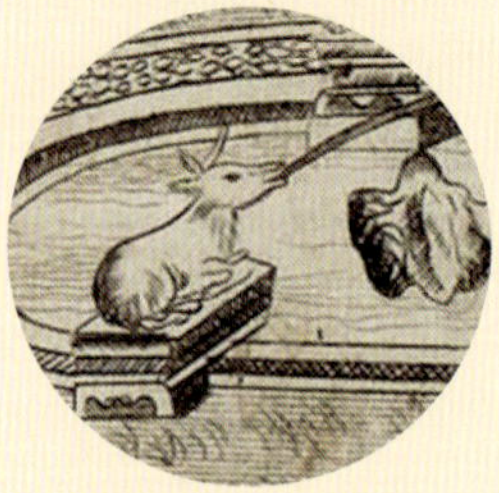

● 铜羊喷水

● 翻尾石鱼喷水

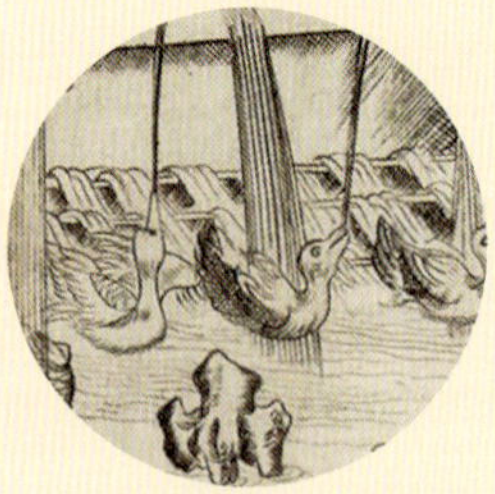

● 铜鸭喷水

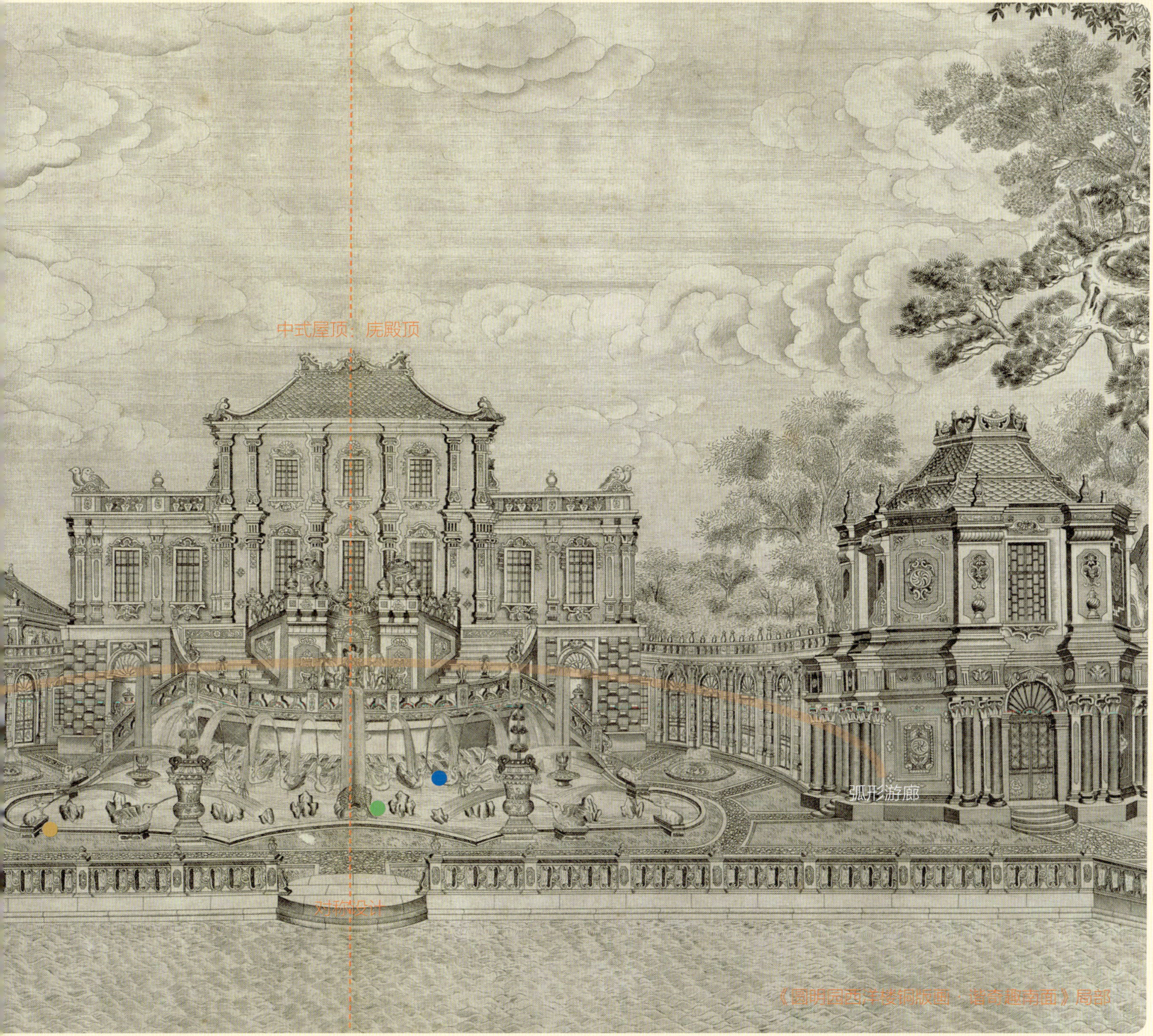

《圆明园西洋楼铜版画·谐奇趣南面》局部

描一描、涂一涂：试试参考左侧的上色效果图，用你的笔描出建筑的轮廓或涂上色彩，去触摸已经消失的圆明园！

《圆明园西洋楼透视图铜版画》上色效果图

谐奇趣主楼一侧的八角楼亭（李尤松手绘）

谐奇趣主楼（李尤松手绘）

（感谢北京印刷学院的李尤松副教授，授权本书使用他手绘的西洋楼素描还原图！）

走到谐奇趣的北面，从转折的阶梯可以直接登上主楼第二层的露台。细看露台上，三拱门廊的设计增加了建筑的层次感和空间感。同时，顶部的琉璃装饰也为建筑增添了华丽感与庄重感。

主楼的正北方是花园小广场，广场中央有一个菊花形的喷泉池，水池中心的三层喷水口正在吐出一簇簇水花。

三拱门廊

咳咳咳，初次见面，请允许我自我介绍一下：我叫安德烈·勒诺特尔（André Le Nôtre）。别见外，叫我勒诺特尔就可以。我曾经是法国的皇家首席造园师，凡尔赛宫花园就是我设计的。我在法国园林史上的地位，相当于达·芬奇之于意大利绘画、莎士比亚之于英国文学呢！

喷泉池四周，有很多勒诺特尔式风格的西式园林树木，这些树木修剪整齐，呈几何形态工整分布。

明间：建筑的中心部分，通常处于布局的核心，左右两侧对称，中间的一间便称为明间。

次间：明间左右两侧的房间。

面阔：建筑物或房间正面的宽度，即建筑物的横向尺寸。

进深：一间独立房屋或一幢建筑从前到后的纵向距离。

建筑小知识

庑殿顶：屋顶由一条正脊和四条垂脊组成，屋顶前后左右四面都有斜坡。庑殿顶是中国古代建筑中等级最高的屋顶形式，在古代只有最尊贵的建筑物才可以使用。

《圆明园西洋楼铜版画·谐奇趣北面》局部

谐奇趣的喷泉为什么可以喷出水来呢？当然离不开蓄水楼。

蓄水楼位于谐奇趣的西北面，主要的功能就是为喷泉群注入高压水流，俗称“西水车房”。

这座蓄水楼通过特定的进水口将水引入楼内。在早期，蓄水楼内的水是由骡子拉动带有机械装置的水车把水从低处提至高处，再以铜管下注到各喷泉机关。然而，后来水车轮盘损坏了，就改为人工提水上楼。每当皇帝要游园看喷泉时，太监们就会提前提水，待皇帝驾临，再开闸放水，以营造喷泉之景。

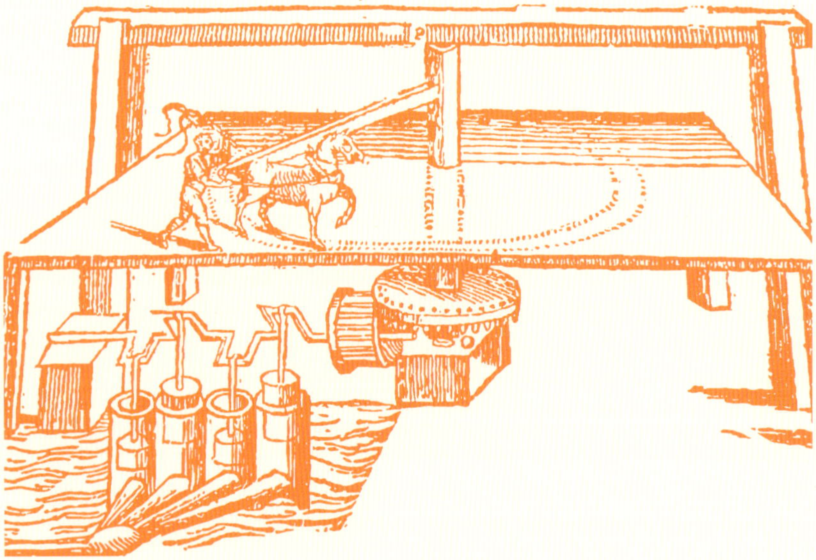

蓄水楼　机械装置提水原理图

《圆明园西洋楼铜版画·蓄水楼东面》局部

黄花阵：奇思妙想的欧式迷宫

谐奇趣北侧有一扇花园门，打开它，你即将进入一座有趣的迷宫！

黄花阵花园门（李尤松手绘）

黄花阵花园门（19 世纪 70 年代拍摄）

● 门口的石狮子

● 围墙上的墙花

《圆明园西洋楼铜版画 · 花园门北面》 局部

穿过花园门，映入眼帘的便是黄花阵。这是一处别致的欧式迷宫，设计独具匠心。迷宫整体呈长方形，中心高台上设有一座圆亭，欧式设计框架下巧妙地融合了中国“天圆地方”的设计理念。迷宫的北面，是一个树木繁茂的山丘，山丘上有一座凉亭。

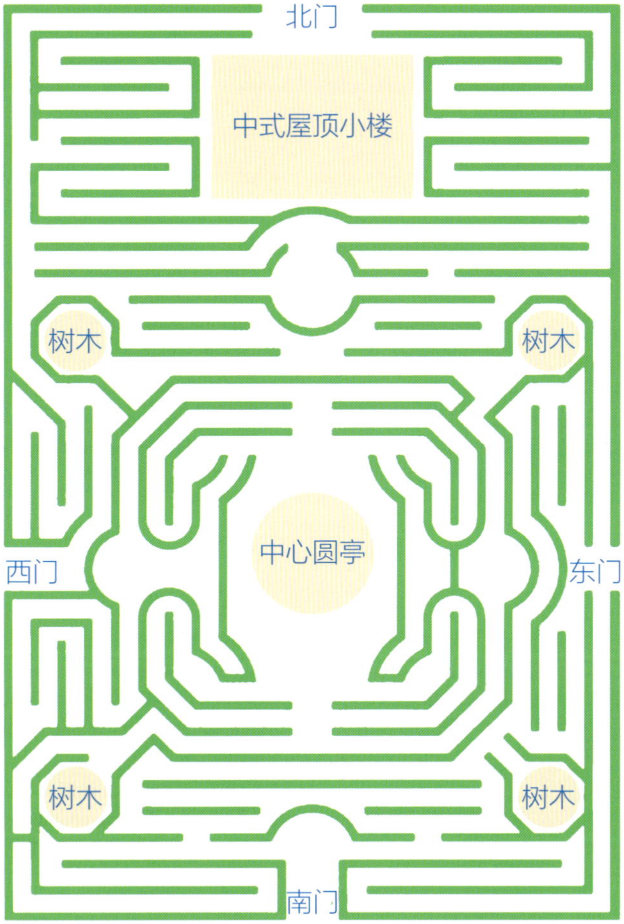

快和小伙伴一起进入迷宫，看谁最先走到中心圆亭！

黄花阵南北长约 90 米，东西宽约 60 米，墙高约 1.2 米。黄花阵内路径曲折蜿蜒，据统计路径总长竟达 1600 多米，是一个捉迷藏和追逐游戏的好场所。不过欧式的阵墙通常由经过修剪的密集灌木丛组成，圆明园中则改用中式“卍”字纹砖块砌成，所以也称“万花阵”。

《圆明园西洋楼铜版画·花园正面》局部

据说在中秋之夜，乾隆皇帝会坐在黄花阵的中心圆亭内，宫女们手持黄绸扎成的莲花灯，分别站在四个入口。等到一声令下，宫女们便竞相进入迷宫中，最先到达中心圆亭的人，将会得到皇帝的赏赐。黄花阵易进难出，皇帝坐在高处，四望莲花灯东流西奔，以此为乐，“黄花阵”也因此得名。

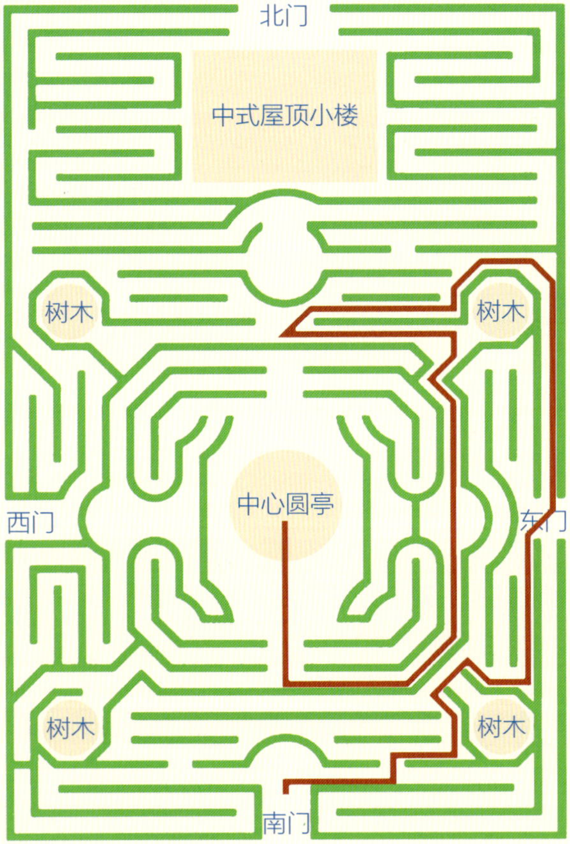

走出迷宫的“捷径”

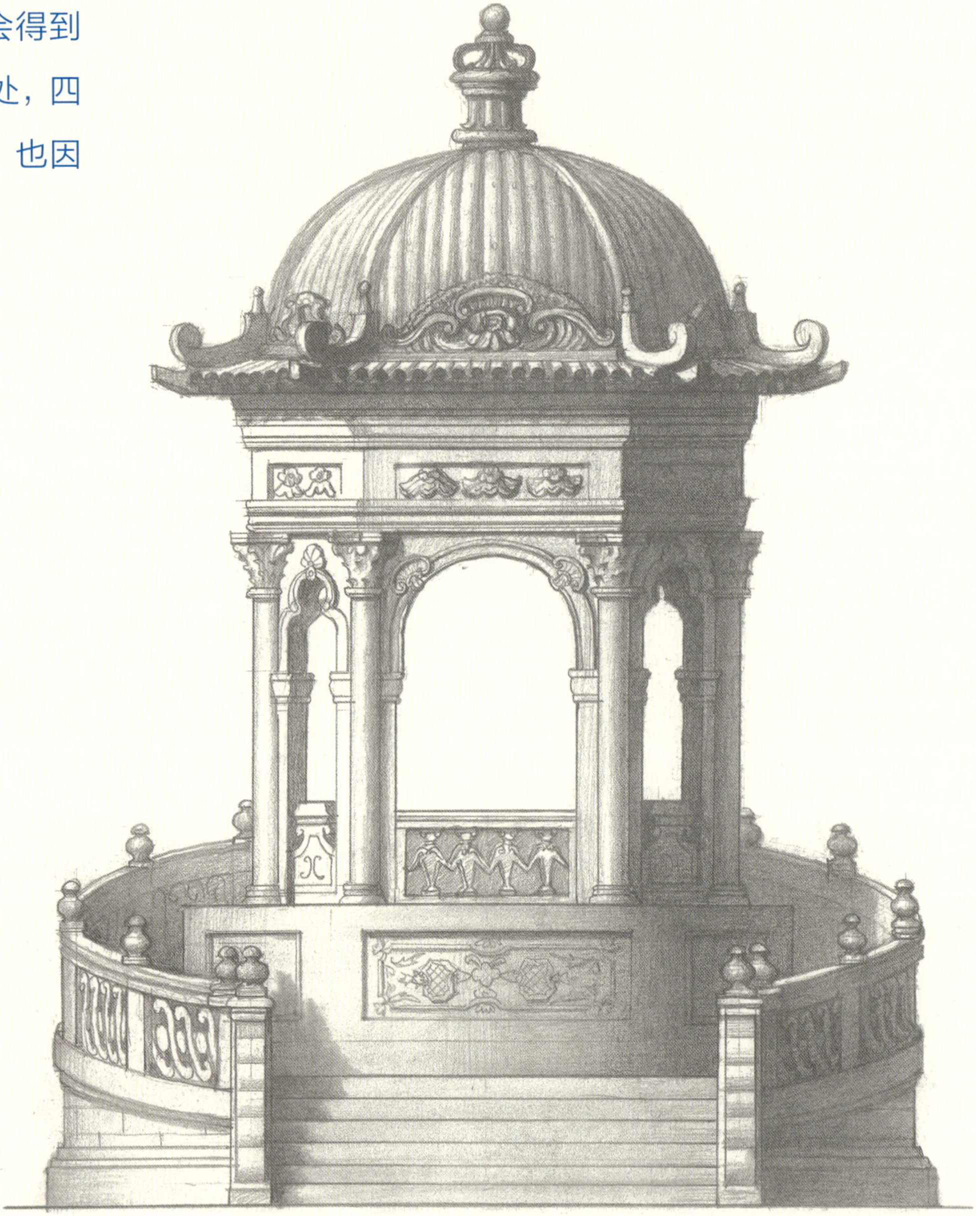
黄花阵中心圆亭（李尤松手绘）

《圆明园西洋楼铜版画 · 花园正面》局部

养雀笼：皇宫里的禽鸟动物园

养雀笼，顾名思义，这里曾养着许多珍禽异鸟。乾隆皇帝闲暇时常带着嫔妃们在此观赏各色鸟雀。养雀笼西门的设计具有中式五牌楼风格。明间大门前有八根向外延伸的立柱，支撑起门楼的凸出部分。细数之下，左右共有二十四根立柱支撑起这座“凸”字形的牌楼，整体呈现对称之美。屋顶覆盖黄色琉璃瓦构件，与汉白玉立柱交相辉映。虽然很遗憾我们看不到彩色的照片，但也可以想象到它的绚丽。

左右这样的立柱共二十四根

《圆明园西洋楼铜版画 · 养雀笼西面》局部

《仙萼长春图》局部

《仙萼长春图》一共包含十六幅图画，由宫廷画家郎世宁绘制。这位来自意大利的传教士，自康熙五十四年（1715 年）来华，至乾隆三十一年（1766 年）去世，五十一年的时间里一直以宫廷画家的身份服务于清朝皇室。从画作名字“长春”二字和画上的珍禽异鸟可以推测，郎世宁记录的可能是长春园养雀笼里的珍禽异鸟。

郎世宁还创作了两幅优美的花鸟画：《花荫双鹤图》《锦春图》

养雀笼的东门为西式的半环形石拱门，设有精致的雕花门。门楼的顶部，正中间装饰有西式王冠，两侧有若干宝瓶形装饰物。

大门的左右两侧，还有两个石券式假窗，内嵌四层的喷泉塔，喷出的水流会从塔顶叠层落下。

西式王冠

宝瓶形装饰物

西式半环形石拱门

精致的雕花门

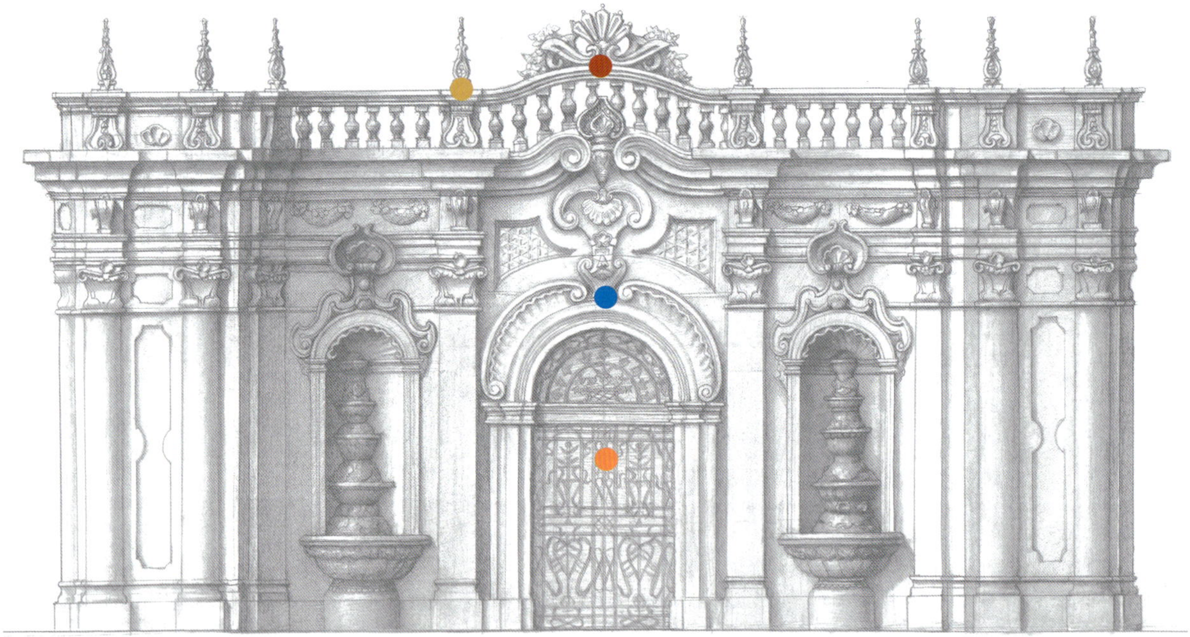

养雀笼东门（李尤松手绘）

《圆明园西洋楼铜版画 · 养雀笼东面》局部

方外观：
园中清真寺，香妃礼拜堂

方外观的规模并不大，两层楼三开间，两侧有环形楼梯通向二楼。楼体基本上是西式的，但屋顶却是中式的重檐庑殿顶。

方外观是圆明园内最特别的建筑之一。它的特别之处在于，这座建筑不仅具有欧式风情，还充分尊重了伊斯兰教不崇拜偶像的习惯，整个建筑没有人物、鱼虫、鸟兽等图案。鉴于来自维吾尔族的香妃（实际封号为容妃）嫁入清朝皇室后仍保持着自己的宗教习俗，乾隆皇帝便将这座宫殿改成了香妃做礼拜用的清真寺。

这座建筑名为“方外观”，方外，意思是神仙所居的世外异域。佛教、道教追求跳出三界外，不在红尘中的人，也称方外之士。又因为“方外”与“天方”在字面上相近，伊斯兰教信徒也能接受这样的命名。

- 中式重檐庑殿顶
- 琉璃瓦
- 中式重檐攒尖顶八角亭
- 形似乐高积木的立柱
- 环形楼梯
- 石桥栏杆

《圆明园西洋楼铜版画·方外观正面》局部

描一描、涂一涂：

方外观南侧石桥栏杆的侧面造型（李尤松手绘）

方外观西南侧的亭子，屋顶为中式重檐攒尖顶，亭身为西式八角亭。（李尤松手绘）

方外观东侧面（李尤松手绘）

五竹亭：在竹亭里等待香妃

从方外观正门走出，经过南面的石桥行至对岸，那里有曲折连廊串联起来的五座重檐攒尖顶的亭子，因其外观全部由竹子建成，所以叫做五竹亭。

五竹亭与方外观南北相对，竹子结构的外墙上还镶嵌着五彩斑斓的玻璃和形状各异的贝壳，看上去华美无比。据说，乾隆皇帝常常在这里等待在方外观做礼拜的香妃，足见他对香妃宗教习惯的尊重和理解。又因为乾隆皇帝自己是爱莲之人，于是他在亭前左右两侧，各修建了一座莲花池，中间还有一个小型喷泉池，或许是为了在等待香妃时观赏解闷。

《圆明园西洋楼铜版画·竹亭北面》局部

传说中的《香妃戎装像》

为什么乾隆皇帝如此偏爱香妃呢？不仅因为她来自新疆，是一位有着异域风情与面貌的维吾尔族美女；更重要的是，民间传说她身上会散发一股香味，所以尤其受到乾隆皇帝宠爱，这也是她“香妃”这一俗称的由来。

● 沿方外观石桥走过，通向五竹亭。

海晏堂：十二生肖为您报时

海晏堂，名称亦出自成语河清海晏，与前面介绍的圆明园四十景之“九州清晏”一东一西遥相呼应。因此，海晏堂以海洋为设计灵感，大量使用贝壳、海浪、漩涡等装饰图案。

海晏堂是西洋楼景区最大的建筑，正楼朝西为两层十一间房，后面还有一个“工”字形的蓄水楼。二楼大门左右有一对石狮，门前有一对石鱼，水从它们的口中喷出，流入石槽叠落而下，汇入楼前的喷泉池。弧形石阶环抱着喷泉池，中间耸立着一个巨型贝壳石雕。贝壳石雕的左右两边，“八”字形排列着十二生肖的铜雕像（因为造型为人身兽首，俗称十二兽首）。这十二兽首按十二时辰的顺序依次喷水，正午时则一齐喷水，循环往复，所以也被称为十二兽首水力钟。

十二兽首水力钟：十二生肖的铜雕像呈“八”字形对称分列在喷泉池两旁的石台上，每尊雕像的兽首都是一个精巧的喷泉水龙头。每过一个时辰（两个小时）换一尊兽首喷水，正午时十二尊兽首则同时喷水，场面极为壮观。

试试把每个时辰对应的时间和生肖连起来吧！

子	狗	1 点 ~ 3 点
午	鼠	3 点 ~ 5 点
卯	龙	5 点 ~ 7 点
巳	马	7 点 ~ 9 点
酉	羊	9 点 ~ 11 点
丑	虎	11 点 ~ 13 点
申	蛇	13 点 ~ 15 点
未	猴	15 点 ~ 17 点
亥	兔	17 点 ~ 19 点
寅	鸡	19 点 ~ 21 点
戌	牛	21 点 ~ 23 点
辰	猪	23 点 ~ 1 点

《圆明园西洋楼铜版画 · 海晏堂西面》局部

我是亥猪，
21 点 ~ 23 点喷水！

亥猪手持弓箭。武将标配，传说中的天蓬元帅真下凡了？

我是戌狗，
19 点 ~ 21 点喷水！

戌狗手持红缨枪。这是看家护院的小标兵！

我是酉鸡，
17 点 ~ 19 点喷水！

酉鸡手持钱币？哈哈哈，恭喜发财，大吉（鸡）大利！

我是申猴，
15 点 ~ 17 点喷水！

申猴手持枪棒。像不像战斗力爆棚的孙悟空？

我是未羊，
13 点 ~ 15 点喷水！

未羊手持笏板。羊倌当了官，拿着笏板要去上朝面圣？

我是午马，
11 点 ~ 13 点喷水！

午马手持如意。如日中天的模样，它正扬扬得意？

我是子鼠，
23 点 ~ 1 点喷水！

子鼠手持金刚钻？它是要揽瓷活，还是要去打洞？

我是丑牛，
1 点 ~ 3 点喷水！

丑牛手持拂尘。难怪民间说它是牛鼻子老道？

海晏堂西面 · 十二兽首水力钟（李尤松手绘）

我是寅虎，
3 点 ~ 5 点喷水！

寅虎身穿圆领长袍。一副王者拥有权力与地位的样子？

我是卯兔，
5 点 ~ 7 点喷水！

卯兔手持折扇。好似一位风度翩翩的公子！

我是巳蛇，
9 点 ~ 11 点喷水！

巳蛇拱手作揖。一副退让与守礼的样子，但千万不要去招惹它！

我是辰龙，
7 点 ~ 9 点喷水！

辰龙手持龙珠。龙珠是传说中的珍宝，你有没有集过七龙珠？

从海晏堂的南面可以看到，主楼之后是“工”字形的平台楼，也是附近喷泉群的供水楼。海晏堂附近的喷泉水都来自这座供水楼，东西两头的高楼（“工”字的两横）是提水用的水车房，中段平台（“工”字的一竖）是一个大型蓄水池。因为蓄水池的池壁用锡作防水层，所以又称为“锡海”。海晏堂的南北两侧都设计了树荫、露台与两个小型喷泉池，喷泉的造型尤为独特，寓意着“年年有余”和“封侯挂印”。

海晏堂的北面与南面完全对称

年年有序、年年有余：猴子在羊上面，对应十二生肖的羊去猴来，寓意年年有序；猴子打着伞，因为伞上喷泉如雨，“雨”谐音“鱼”，寓意年年有余。

封侯挂印：猴子捅了马蜂窝（喷泉水珠激射如马蜂蹿出），猴子正抱头躲避。“蜂”谐音“封”，“猴”谐音“侯”，寓意封侯挂印。

《圆明园西洋楼铜版画·海晏堂南面》局部

海晏堂平面俯瞰图

西洋楼的各种门券与墙饰、柱饰（李尤松手绘）

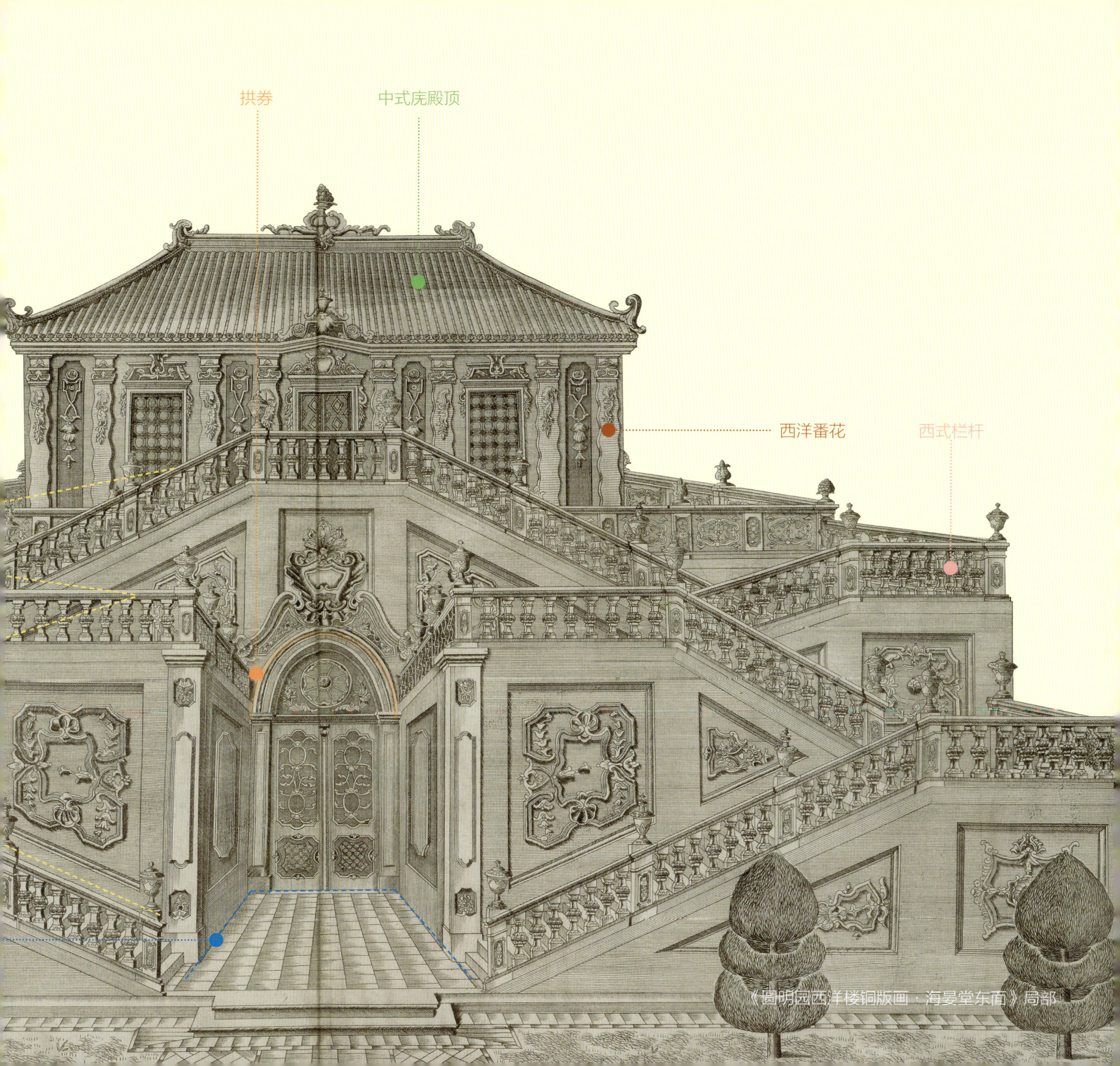

《圆明园西洋楼铜版画 · 海晏堂东面》局部

远瀛观：
高台上的西洋钟楼式大殿

远瀛观，意为远隔重洋的景观。它建成于乾隆四十八年（1783 年），是西洋楼景区最后完工的大殿，也是香妃的寝宫之一。

远瀛观建在海晏堂东北侧的方形高台之上，因此是西洋楼景区地势最高的宫殿，气度自是不凡。同时远瀛观与我们稍后看到的大水法、观水法形成东西走向的西洋楼景区第二条南北轴线（第一条南北轴线是我们前面看到的从谐奇趣到黄花阵）。

远瀛观的主楼是西洋钟楼式大殿，屋顶却是中式的重檐庑殿顶。主楼通过左右两翼侧廊连通两座小钟楼，空中俯视远瀛观，平面是一个倒过来的“凹”字形。全部的屋檐下共有二十四个龙头状的出水口。

主楼的正面为三开间，有三扇雕花的石券门，门前还有一对威风凛凛的石狮子。据记载，远瀛观的门窗均镶嵌了玻璃，石柱材质都是汉白玉，石狮子身后的两根巨柱支撑起一个雨棚似的门拱，巨柱上面刻满了下垂式葡萄花纹，非常精致漂亮（如今的遗址上还残留着其中一根立柱）。

远瀛观南面是青砖铺成的小广场，边缘设有汉白玉石栏杆，东西两侧有扶梯带领我们前往大水法。

《圆明园西洋楼铜版画 · 远瀛观正面》局部

龙头状的出水口
下垂式葡萄花纹
石狮子
镶嵌玻璃的窗子

找一找：从谐奇趣到远瀛观，你能找出这四种石柱分别在哪些建筑上出现过吗？

西洋楼里的四种石柱（李尤松手绘）

答案：它们分别出现在方外观二楼、远瀛观主楼门前、谐奇趣主楼二楼门侧、海晏堂主楼二楼。

大水法：叹为观止的喷泉群

“水法”是什么意思呢？通俗地说，就是水的戏法，喷泉就是最常见的一种水法。

如果在远瀛观南面青砖铺成的小广场散步，会看到左右两侧有弧形的石阶，通过石阶可以走下平台。平台之下，正是圆明园中最壮观的欧式喷泉群——大水法。

大水法是以石龛式建筑为背景的喷泉群，石龛中央的两柱上连大型圆拱，拱顶装饰着许多琉璃配件，当初应该是五颜六色亮晶晶的样子。左右的立柱顶上有瓶形的石雕，再两侧则是海浪一般的弧形扶墙。

石龛中央的圆拱下有一个狮子头喷水瀑布，形成七级水帘，水帘落入下方的菊花式喷泉池。喷水池中间立着一只铜鹿，四周有十只铜狗正作逐鹿状，从口中喷水射向鹿身，俗称“猎狗逐鹿”。

大水法南方两侧有两棵造型独特又高耸入云的“线法松”，左右还有两座十三级的方形喷水塔，塔周围有四十四根高低不齐的铜管。当塔顶与四十四根铜管一齐喷水时，场面令人叹为观止。据说隆隆的水声，甚至可以让位于观水法的人听不清互相说话的声音。

《圆明园西洋楼铜版画 · 大水法正面》局部

狮子头喷水瀑布

卷尾铜兽

“猎狗逐鹿”可能出自中国“逐鹿天下”的成语典故，也可能出自一个西方神话故事：阿克特翁是一位猎人，带着一群猎狗外出打猎，偶然撞上女神狄安娜在泉水中沐浴。由于这一冒犯行为，狄安娜一怒之下将阿克特翁变成了一头鹿，而他带领的猎狗却没有认出他来，纷纷围拢过来追逐他。阿克特翁于是从猎人变成了猎物。

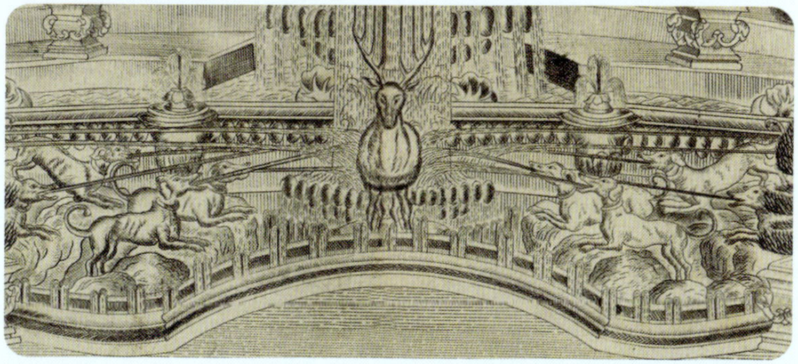
猎狗逐鹿

描一描、涂一涂：

大水法的西式石龛（李尤松手绘）

洛可可风格包含海洋、浪花、漩涡、螺壳、卷草等元素，贝壳是其标志性的符号。贝壳的弧线造型不仅优美，还符合对称性与黄金分割比，非常适合装饰中轴线。

观水法：
唯一坐南朝北的皇帝宝座

观水法，顾名思义，是观看大水法的地方。

观水法位于大水法南面，是皇帝与大臣观赏大水法的地方，正中的石台上设有皇帝宝座。中国历朝历代的皇帝宝座都是坐北朝南，为什么唯独这里却是坐南朝北呢?

这是因为北京的地理纬度偏北，太阳从早到晚都偏向南面，为了避免仰头观看大水法时阳光太过刺眼，宝座只能设计成朝北。而且从光学角度讲，背光的方向更容易看到阳光经过喷泉水雾（小水珠）折射、反射而形成的彩虹。

细看宝座的两侧，有两只铜鹤口衔着伞盖的一角。宝座的后面有五块大型石雕屏风，分别雕刻着西洋军旗、刀剑、甲胄、枪炮等图案。石雕屏风的左右两侧各有一座汉白玉方塔，而方塔旁的绿篱之中还各有一座西洋门，穿过西洋门以及后面围墙的开门，可以通往南边的长春园。

据记载，英国使者马戛尔尼、荷兰使者德胜曾经先后受邀来此观看大水法。

- 铜鹤
- 西洋军器浮雕石屏
- 汉白玉方塔
- 西洋门

《圆明园西洋楼铜版画·观水法正面》局部

描一描、涂一涂：

观水法的石雕屏风（李尤松手绘）

观水法的方塔（李尤松手绘）

观水法的西洋门（李尤松手绘）

线法山：跑马登山眺望海市蜃楼

“线法”是什么意思呢？通俗地说，就是光线的戏法，比如今天我们画画常说的透视法。

从大水法继续往东走可以前往线法山，但需要先经过线法山的西牌楼门。这座西牌楼门形似西方的凯旋门，中间是圆券式大门，两侧为方券式小门，平檐上装饰着五色琉璃番花。西牌楼门的前后都有一大片人工修剪得整整齐齐的勒诺特尔式风格的线法树作为屏障，同时形成强烈的透视法空间。

● 花环式雕刻装饰

《圆明园西洋楼铜版画 · 线法山西门》局部

描一描、涂一涂：

线法山西门（李尤松手绘）

线法山是高约 8 米的圆形土山，虽然并不高，但因为再往东就是一马平川，相对成了制高点。山脚下有围墙与两座方塔留出的路口，经过路口沿着“之”字形、约 1.5 米宽的盘旋蹬道，转折三次便可登顶。据说乾隆皇帝喜欢骑马登山，因此线法山也俗称“转马台”。

线法山的山顶上有一座造型独特的亭子，顶部为中式八角攒尖顶，亭身则有八面西式三角形门拱。登亭远眺，朝西可以看见大水法的喷泉群，朝东则可以欣赏我们稍后要介绍的海市蜃楼——线法画。

● 塔顶的宝瓶

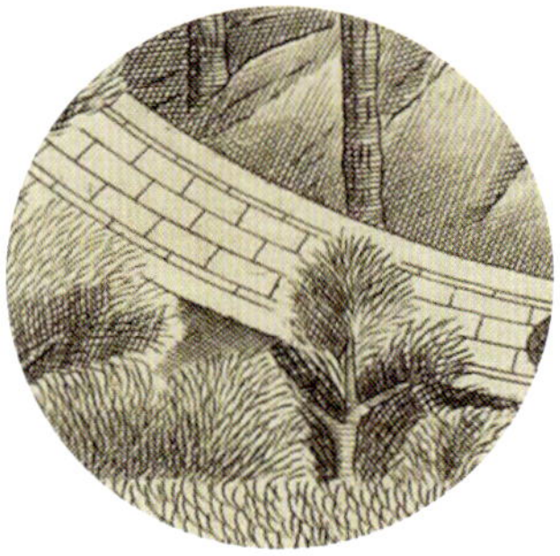

● 约 1.5 米宽的蹬道

● 山脚下的西式方塔

《圆明园西洋楼铜版画 · 线法山正面》局部

“之”字形三折

找一找：从谐奇趣到线法山，你能找出这三座亭子分别在哪里出现过吗？

①

②

西洋楼里的三种亭子（李尤松手绘）

答案：① 黄花阵 ② 方外观 ③ 线法山

从线法山顶上的亭子里下来，我们可以经过东牌楼门继续往东前往一个大型人工湖——方河。东牌楼门也是一座三门拱的西式凯旋门，由于上檐装饰着蛤蜊云形曲线以及各种洛可可风格的贝壳图案，所以被俗称为“螺蛳牌楼”。

细看东牌楼门的楼顶，居中装饰着皇冠、甲胄、军旗造型的石雕，两侧还有刀剑弓矢簇堆和长蛇缠绕花瓶等西式石雕。东牌楼门的墙面上则雕饰着葡萄藤，绕柱爬墙，枝叶翻卷，果实累累，繁华至极。

经过线法树的透视引导，透过东牌楼门，人们可以远远望见东面的方河以及对岸的线法画，仿佛人为制造的海市蜃楼一般。

● 兵器堆簇的石雕

● 长蛇绕瓶的石雕

● 贝壳雕饰

● 葡萄藤雕饰

《圆明园西洋楼铜版画 · 线法山东门》局部

描一描、涂一涂：

线法山东门（李尤松手绘）

线法画：250 多年前的“3D 绘画”

线法画，指经由光线扰动与透视法而呈现出逼真立体感的画面，类似今天说的“3D 绘画”。

透过线法山东门朝东看，可以见到一个水波荡漾的矩形人工湖，俗称“方河”。方河的东岸修筑了七道“八”字形左右对称的“线法墙”，墙面挂着画有西洋风景的油画。

如果从线法山上东眺，经过周边“线法树”的透视引导，加上方河水蒸发对光线的扰动，可以看到对岸七道线法墙上悬挂的线法画仿佛动了起来。七组画面连成一体，构成一处栩栩如生的西洋街市，我们可以通俗地理解为这是 250 多年前人工绘画与自然现象融合所营造出来的“虚拟现实”与“元宇宙”！

线法墙上的线法画可以随时更换，无论是欧洲的西洋街市，还是塞外的山水风光，只要换一下墙上的画面，便可以像穿越时空一样身临其境。据说，乾隆皇帝命令宫廷画家绘出新疆地区的风景画悬挂在墙上，以便香妃随时远眺，缓解思乡之苦。

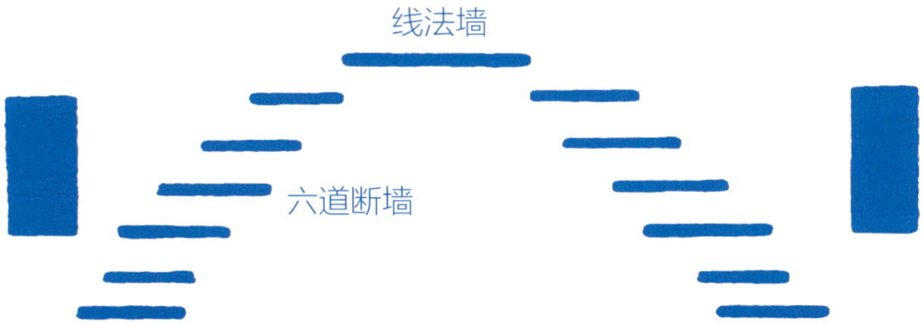

线法画的载体——七道线法墙的布局示意

《圆明园西洋楼铜版画·湖东线法画》局部

方河
方河

方河：在欧洲宫殿的园林设计中，方河是代表性的元素之一，通常由大面积的规则几何形状，如圆形或矩形构成。法国枫丹白露宫中就有多个方河，这与欧洲园林整体追求秩序、对称和几何美感的风格吻合。

《枫丹白露宫城堡和花园》局部
（法国人皮埃尔绘于18世纪）

附录

就英法联军远征中国致巴特勒上尉的信

先生：

你征询我对于远征中国的看法。你觉得此次远征甚是体面，极为出色。多谢你对我之想法予以关注。于你而言，打着维多利亚女王与拿破仑皇帝双重旗号对中国的远征，乃是一次由法国和英国共同享有的荣耀，而你甚想知晓，我对英法的这次胜利会给予几多赞誉。

既然你想了解我的观点，那便请往下阅览吧：

在世界的某一角落，存一个世界奇迹。这个奇迹名曰圆明园。艺术具两个起源，一是理想，理想造就欧洲艺术；一是幻想，幻想催生东方艺术。圆明园于幻想艺术里的地位恰似巴特农神庙于理想艺术中的地位。一个近乎超人的民族的想象力所能达成的成就尽在于此。与巴特农神庙不同，这非一件罕见、独一无二的作品；这乃幻想的某种规模巨大之典范，倘若幻想可具一个典范的话。请你想象存有一座言语难以描述的建筑，某种仿若月宫的建筑，此即圆明园。请你以大理石，以美玉，以青铜，以瓷器构筑一个梦，用雪松作其屋架，给其上下缀满宝石，披上绸缎，这儿建神殿，那儿筑后宫，造城楼，内中置神像，放异兽，饰以琉璃，饰以珐琅，饰以黄金，施以脂粉；请同为诗人的建筑师营造《一千零一夜》的一千零一个梦，再添上一座座花园，一方方水池，一眼眼喷泉，加上成群的天鹅，朱鹭与孔雀。总之，请你假定人类幻想的某种令人眼花缭乱的洞府，而其外观是神庙，是宫殿，那便为这座园林。为了创立圆明园，曾经耗费了两代人的长久劳作。这座大如一座城市的建筑物是世世代代的结晶。为谁而建？为了各国人民。因为，岁月造就的一切皆属于人类。过去的艺术家、诗人、哲学家皆知晓圆明园；伏尔泰就谈及过圆明园。人们常言：希腊有巴特农神庙，埃及有金字塔，罗马有斗兽场，巴黎有圣母院，而东方有圆明园。若说，众人未看见过它，但众人梦见过它。这是某种令人惊骇而不知名的杰作，于不可名状的晨曦中依稀可见，宛如于欧洲文明的地平线上瞥见亚洲文明的剪影。

这个奇迹已然消逝了。

有一日，两个强盗闯入了圆明园。一个强盗劫掠，另一个强盗放火。仿若得胜之后，便能够动手行窃了。他们对圆明园实施了大规模的掠夺，赃物由两个胜利者平分。我们看到，这整个事件亦与额尔金的名字相关，这名字又使人不得不忆起巴特农神庙。从前他们对巴特农神庙怎样干，现今对圆明园亦怎样干，只是干得更彻底，更漂亮，以致荡然无存。我们将欧洲所有大教堂的财宝相加，或许尚抵不上东方这座了不起的富丽堂皇的博物馆。那儿不单有艺术珍品，还有大堆的金银制品。丰功伟绩！收获巨大！两个胜利者，一个塞满了腰包，此乃看得见的，另一个装满了箱箧。他们手挽手，笑嘻嘻地返回欧洲。这便是两个强盗的故事。

我们欧洲人乃文明人，中国人于我们眼中是野蛮人。此即文明对野蛮所为之事。

将受历史制裁的这两个强盗，一个叫法兰西，另一个叫英吉利。不过，我要抗议，感谢你给了我这样一个抗议的机会。治人者的罪行非治于人者的过错；政府有时会是强盗，而人民永远不会是强盗。

法兰西吞下了此次胜利的一半赃物，今日，帝国居然还天真地以为自己就是真正的物主，把圆明园富丽堂皇的破烂拿来展出。我期望有朝一日，解放了的干干净净的法兰西会把这份战利品归还于被掠夺的中国，那才是真正的物主。现在，我证实，发生了一次偷窃，有两名窃贼。

先生，以上便是我对远征中国的全部赞誉。

维克多 · 雨果

1861 年 11 月 25 日于高城居

（译者：董方）

圆明园西洋楼·老照片

（19 世纪 70 年代拍摄）

谐奇趣南面

谐奇趣东侧——装饰构件

谐奇趣主楼一侧的八角楼亭

方外观侧面

海晏堂西面

远瀛观南面

大水法

观水法

圆明园西洋楼·遗址近貌

（2024 年作者拍摄）

谐奇趣南面

谐奇趣东侧——装饰构件

谐奇趣主楼一侧

方外观侧面

海晏堂西面

远瀛观

大水法

观水法